CHEFS-D'OEUVRE

DE

J. F. REGNARD.

TOME II.

DE L'IMPRIMERIE DE CRAPELET.

LE LÉGATAIRE T. 2.

Je mettrai, de ma main, le feu dans la maison.

CHEFS-D'OEUVRE

DE

J. F. REGNARD.

TOME SECOND.

A PARIS,

Chez SAINTIN, Libraire, rue du Foin.

1823.

LE DISTRAIT,

COMÉDIE

EN CINQ ACTES, ET EN VERS.

PERSONNAGES.

LÉANDRE, Distrait.
CLARICE, amante de Léandre.
Mme GROGNAC.
ISABELLE, fille de madame Grognac.
LE CHEVALIER, frère de Clarice, et amant d'Isabelle.
VALÈRE, oncle de Clarice et du Chevalier.
LISETTE, servante d'Isabelle.
CARLIN, valet de Léandre.
UN LAQUAIS.

La scène est à Paris, dans une maison commune.

LE DISTRAIT,

COMÉDIE.

ACTE PREMIER.

SCÈNE I.

VALÈRE, Mme GROGNAC.

VALÈRE.

Quoi! toujours opposée à toute une famille?

Mme GROGNAC.

Oui.

VALÈRE.

Vous ne voulez point marier votre fille?

Mme GROGNAC.

Non.

VALÈRE.

Quand on vous en parle, on vous met en courroux.

Mme GROGNAC.

Oui.

VALÈRE.

Vous ne prendrez point des sentiments plus doux?

Mme GROGNAC.

Non.

VALÈRE. [repliques

Fort bien! Non, oui, non : beau discours! Vos
Me paroissent, pour moi, tout-à-fait laconiques.
Mais, pour mieux raisonner avec vous là-dessus,
Et pour rendre un moment le discours plus diffus,
Dites-moi, s'il vous plaît, la véritable cause
Qui vous fait rejeter les partis qu'on propose :
Ce fameux partisan, par exemple, pourquoi....

Mme GROGNAC.

Eh fi! monsieur, fi donc! vous radotez, je croi;
Il est trop riche.

VALÈRE.

Ah! ah! nouvelle est la maxime.

Mme GROGNAC.

Gagne-t-on en cinq ans un million sans crime?
Je hais ces fort-vêtus qui, malgré tout leur bien,
Sont un jour quelque chose, et le lendemain rien.

VALÈRE.

Et ce jeune marquis, cet homme d'importance,
Vous ne lui pouvez pas reprocher sa naissance;
Il a les airs de cour, parle haut, chante, rit;
Il est bien fait; il a du cœur et de l'esprit.

Mme GROGNAC.

Il est trop gueux.

ACTE I, SCÈNE I.

VALÈRE.

Fort bien ! La réponse est honnête ;
Et vous avez toujours quelque défaite prête.
Il s'offre deux partis, vous les chassez tous deux :
Le premier est trop riche, et le second trop gueux.
Dans vos brusques humeurs je ne puis vous comprendre.
Comment prétendez-vous que soit fait votre gendre ?

Mme GROGNAC.

Je prétends qu'il soit fait comme on n'en trouve point ;
Qu'il soit posé, discret, accompli de tout point ;
Qu'il ait, avec du bien, une honnête naissance ;
Qu'il ne fasse point voir ces traits de pétulance,
Ces actions de fou, ces airs évaporés,
Dignes productions des cerveaux mal timbrés ;
Qu'il ait auprès du sexe un peu de politesse ;
Qu'il mêle à ses discours certain air de sagesse ;
Qu'il ne soit point enfin, pour tout dire de lui,
Comme les jeunes gens que je vois aujourd'hui.

VALÈRE.

Cet homme à rencontrer sera très difficile ;
Et si vous le trouvez, je vous tiens fort habile.
Vous nous en faites voir un rare et beau portrait :
Et, si vous ne voulez de gendre qu'ainsi fait,
Quoique Isabelle soit et riche et de famille,
Elle court grand hasard de vivre et mourir fille.

Mme GROGNAC.

Non; Léandre est l'époux que je veux lui donner.

VALÈRE.

Léandre!

Mme GROGNAC.

Ce parti semble vous étonner!
Mais c'est un fait, monsieur, dont peu je me soucie;
Et je le trouve, moi, selon ma fantaisie.
Je sais bien qu'à parler de lui sans passion,
Il est particulier en sa distraction;
Il répond rarement à ce qu'on lui propose;
On ne le voit jamais à lui dans nulle chose :
Mais ce n'est pas un crime enfin d'être ainsi fait.
On peut être, à mon sens, homme sage, et distrait.

VALÈRE.

Je croyois, à parler aussi sans artifice,
Qu'il avoit quelque goût pour ma nièce Clarice.

Mme GROGNAC.

Oh bien! je vous apprends que vous vous abusiez;
Et, pour vous détromper, il faut que vous sachiez
Que je suis dès long-temps liée à sa famille;
Et que, pour m'engager à lui donner ma fille,
L'oncle dont il attend sa fortune et son bien
D'un dédit mutuel cimenta ce lien.
Léandre est allé voir cet oncle à l'agonie;
Et j'attends son retour pour la cérémonie.

ACTE I, SCÈNE I.

Si je n'avois en vue un tel engagement,
Il n'auroit pas chez moi pris un appartement.
Vous, qui logez céans avecque votre nièce,
Vous êtes tous les jours témoin de sa tendresse.

VALÈRE.

Mais m'assurerez-vous que Léandre en son cœur,
Malgré votre dédit, n'ait point une autre ardeur;
Et que, d'une autre part, votre fille Isabelle
A vos intentions n'ait pas un cœur rebelle?

Mme GROGNAC.

Léandre aime ma fille; et ma fille fera,
Lorsque j'aurai parlé, tout ce qu'il me plaira.
C'est une fille simple, à mes désirs sujette :
Et je voudrois bien voir qu'elle eût quelque amourette!

VALÈRE.

Il faut que sur ce point nous la fassions parler.
Son cœur s'expliquera sans rien dissimuler.

Mme GROGNAC.

D'accord. Lisette, holà, Lisette. De la vie
On ne vit dans Paris femme si mal servie.
Lisette.

SCÈNE II.

LISETTE, Mme GROGNAC, VALÈRE.

LISETTE.

Eh bien, Lisette! Est-ce fait? me voilà.

Mme GROGNAC.

Que fait ma fille ?

LISETTE.

Quoi ! ce n'est que pour cela ?
Vous avez bonne voix. Quel bruit ! A vous entendre
J'ai cru qu'à la maison le feu venoit de prendre.

Mme GROGNAC.

Vous plairoit-il vous taire, et finir vos discours ?

LISETTE.

Oh ! vous grondez sans cesse.

Mme GROGNAC.

Et vous parlez toujours.
Répondez seulement à ce que l'on souhaite.
Que fait ma fille ?

LISETTE.

Elle est, madame, à sa toilette.

Mme GROGNAC.

Toujours à sa toilette, et devant un miroir !
Voilà tout son emploi du matin jusqu'au soir.

LISETTE.

Vous parlez bien à l'aise, avec votre censure.
Il m'a fallu trois fois réformer sa coiffure :
Nous avons toutes deux enragé tout le jour
Contre un maudit crochet qui prenoit mal son tour.

Mme GROGNAC.

Belle occupation, vraiment ! Qu'elle descende.

ACTE I, SCENE II.

Dites-lui de ma part qu'ici je la demande.

LISETTE.

Je vais vous l'amener.

SCÈNE III.

VALÈRE, Mme GROGNAC.

VALÈRE.

N'allez pas la gronder,
Ni par votre air sévère ici l'intimider.

Mme GROGNAC.

Mon dieu ! je sais assez comme il faut se conduire,
Et je ne dirai rien que ce qu'il faudra dire.
La voilà : vous verrez quels sont ses sentiments.

SCÈNE IV.

ISABELLE, LISETTE, Mme GROGNAC, VALÈRE.

Mme GROGNAC, *à Isabelle.*

Venez, mademoiselle, et saluez les gens.
(*Isabelle fait la révérence.*)
Plus bas. Encor plus bas. O ciel ! quelle ignorance !
Ne savoir pas encor faire la révérence
Depuis trois ans et plus qu'elle apprend à danser !

LISETTE.

Son maître tous les jours vient pourtant l'exercer :
Mais que peut-on apprendre en trois ans ?

Mme GROGNAC, *à Lisette.*

A se taire.

LISETTE, *bas.*

Elle a bien aujourd'hui l'esprit atrabilaire.

(*haut.*)

Nous attendons encore un maître italien,
Qui doit venir tantôt.

Mme GROGNAC, *à Lisette.*

Je vous le défends bien :
Je ne veux point chez moi gens de cette sequelle ;
Ce sont courtiers d'amour pour une demoiselle.

(*à Isabelle.*)

Levez la tête. Encor. Soyez droite. Approchez.
Faut-il tendre toujours le dos, quand vous marchez ?
Présentez mieux la gorge, et baissez cette épaule.

LISETTE, *à part.*

C'est du soir au matin un éternel contrôle.

Mme GROGNAC, *à Isabelle.*

Avancez, s'il vous plaît, et répondez à tout.
Parlez : le mariage est-il de votre goût.

(*Isabelle rit.*)

VALÈRE.

Elle rit. Bon, tant mieux ; j'en tire un bon augure.

ACTE I, SCÈNE IV.

LISETTE.

Voilà ce qui s'appelle un ris d'après nature.

Mme GROGNAC, *à Isabelle.*

Quoi ! vous avez le front de rire, et devant nous !
Vous ne rougissez pas, quand on parle d'époux !

ISABELLE.

J'ignorois qu'une fille, au mot de mariage,
D'une prompte rougeur dût couvrir son visage.
Je dois vous obéir ; et, quand je l'entendrai,
Puisque vous le voulez, d'abord je rougirai.

LISETTE, *à part.*

Quel heureux naturel !

Mme GROGNAC, *à Isabelle.*

Les époux sont bizarres,
Brutaux, capricieux, impérieux, avares.
On devroit s'en passer, si l'on avoit bon sens.

ISABELLE.

N'étoient-ils pas ainsi tous faits de votre temps ?
Vous n'avez pas laissé d'en prendre un, étant fille.

Mme GROGNAC.

Vous êtes dans l'erreur. Rodillard de Choupille,
Noble au bec de corbin, grand-gruyer de Berry,
Et qui fut votre père, étant bien mon mari,
M'enleva malgré moi ; sans cela, de ma vie,
De me donner un maître il ne m'eût pris envie.

LISETTE.
La même chose un jour pourra nous arriver.
ISABELLE.
On ne fait donc point mal à se faire enlever ?
Mme GROGNAC.
Eh bien ! vit-on jamais un esprit plus reptile ?
Puis-je avoir jamais fait une telle imbécille ?
C'est une grosse bête, et qui n'est propre à rien.
LISETTE, *à part.*
Elle est bien votre fille, et vous ressemble bien.
Mme GROGNAC, *à Lisette.*
Euh ! plaît-il ?
LISETTE.
Vous m'avez ordonné le silence.
Mme GROGNAC.
Vous pourriez à la fin lasser ma patience.
VALÈRE, *à madame Grognac.*
Je veux plus doucement la sonder sur ce point.
(*à Isabelle.*)
Voulez-vous un mari ?
ISABELLE.
Je n'en demande point ;
Mais, s'il s'en rencontroit quelqu'un qui pût me plaire,
Je pourrois l'accepter, ainsi qu'a fait ma mère.
Mme GROGNAC, *à Isabelle.*
Comment donc !

VALÈRE, *à madame Grognac.*
　　　　　Avec elle agissons sans aigreur.
(*à Isabelle.*)
Çà, dites-moi, quelqu'un vous tiendroit-il au cœur?
ISABELLE.
Ah!
LISETTE, *à Isabelle.*
Bon, courage!
VALÈRE, *à Isabelle.*
　　　　Allons, parlez-nous sans rien craindre.
ISABELLE.
Je sens, lorsque je vois un petit homme à peindre....
VALÈRE.
Eh bien donc?
ISABELLE.
　　　　Je sens là je ne sais quoi qui plaît;
Mais je ne saurois bien vous dire ce que c'est.
LISETTE.
Oh! je le sais bien, moi; c'est l'amour qui murmure.
Mme GROGNAC, *à Isabelle.*
J'apprends avec plaisir une telle aventure.
Et quel est, s'il vous plaît, ce jeune adolescent
Qui vous fait ressentir ce mouvement naissant?
ISABELLE.
Ah! si vous le voyiez, vous l'aimeriez vous-même.
Il me dit tous les jours qu'il m'estime, qu'il m'aime;

Il pleure quand il vent. Tu sais comme il est fait,
Lisette; et tu nous peux en faire le portrait.

LISETTE.

C'est un petit jeune homme à quatre pieds de terre,
Homme de qualité, qui revient de la guerre;
Qu'on voit toujours sautant, dansant, gesticulant;
Qui vous parle en sifflant, et qui siffle en parlant;
Se peigne, chante, rit, se promène, s'agite;
Qui décide toujours pour son propre mérite;
Qui près du sexe encor vit assez sans façon.

VALÈRE.

Mais, c'est le Chevalier.

LISETTE.

Vous avez dit son nom.

Mme GROGNAC.

Qui? ce fou?

VALÈRE.

S'il n'a pas le bonheur de vous plaire,
Songez qu'il m'appartient. C'est un jeune homme à fai
Il a de la valeur; il est bien à la cour.

Mme GROGNAC.

Qu'il s'y tienne.

VALÈRE.

Il sera très riche quelque jour :
Il peut lui convenir d'esprit, de bien, et d'âge.

ACTE I, SCÈNE IV.

ISABELLE.

Il est tout fait pour moi, l'on ne peut davantage.

Mme GROGNAC, *à Isabelle.*

De quel front, s'il vous plaît, sans mon consentement,
Osez-vous bien penser à quelque attachement ?
Vous êtes bien hardie et bien impertinente !

VALÈRE.

L'amour du chevalier pourroit être innocente.

Mme GROGNAC.

L'amour du chevalier n'est point du tout mon fait ;
J'ai fait, pour son mari, choix d'un autre sujet :
Le dédit pour Léandre en est une assurance.
Que votre Chevalier cherche une autre alliance :
Je ne l'ai jamais vu ; mais on m'en a parlé
Comme d'un petit fat et d'un écervelé ;
Et je vous défends, moi, de le voir de la vie.

ISABELLE.

Je ne le verrai point, vous serez obéie ;
Mes yeux trop curieux n'iront point le chercher :
Mais lui, s'il me veut voir, puis-je l'en empêcher ?

Mme GROGNAC.

À ces simplicités qui sortent de sa bouche,
À cet air si naïf, croiroit-on qu'elle y touche ?
Mais c'est une eau qui dort, dont il faut se garder.

ISABELLE.

Vous êtes avec moi toujours prête à gronder.

Je parois toute sotte alors qu'on me querelle,
Et cela me maigrit.

Mme GROGNAC.

Taisez-vous, péronelle.
Rentrez; et là-dedans allez voir si j'y suis.

VALÈRE.

Si vous vouliez pourtant écouter quelque avis....

Mme GROGNAC.

Je ne prends point d'avis ; je suis indépendante.

VALÈRE.

Je le sais; mais....

Mme GROGNAC.

Adieu. Je suis votre servante.

VALÈRE.

Mais, madame, entre nous, il est de la raison....

Mme GROGNAC.

Mais, monsieur, entre nous, quand de votre façon
Vous aurez, s'il se peut encor, garçon ou fille,
Je n'irai point chez vous régler votre famille ;
De vos enfants alors vous pourrez disposer
Tout à votre plaisir, sans que j'aille y gloser.
 (à Isabelle.)
Allons vite, rentrez : faites ce qu'on ordonne.

SCÈNE V.

VALÈRE, LISETTE.

LISETTE.

La madame Grognac a l'humeur hérissonne ;
Et je ne vois pas, moi, son esprit se porter
A l'hymen que tantôt vous vouliez contracter.

VALÈRE.

J'avois dessein de faire une double alliance ;
Mais ce dédit fâcheux étourdit ma prudence.
Léandre a pour Clarice un penchant dans le cœur ;
Et si pour Isabelle il a feint quelque ardeur,
C'étoit pour obéir à la voix importune
D'un oncle fort âgé, dont dépend sa fortune.

LISETTE.

La mère d'Isabelle est un diable en procès ;
Je crains que notre amour n'ait un mauvais succès.

VALÈRE.

Le temps et la raison la changeront peut-être ;
Et mon neveu pourra.... Mais je le vois paroître.

SCÈNE VI.

LE CHEVALIER, VALÈRE, LISETTE.

LE CHEVALIER, *riant.*

Bonjour, mon oncle. Ah, ah! Lisette; te voilà!
Je ne veux de ma vie oublier celui-là.

LISETTE, *au Chevalier.*

Faites-nous, s'il vous plaît, la grâce de nous dire
Le sujet si plaisant qui vous excite à rire.

LE CHEVALIER.

Oh! parbleu, si je ris, ce c'est pas sans sujet.
Léandre, ce rêveur, cet homme si distrait,
Vient d'arriver en poste ici couvert de crotte;
Le bon est qu'en courant il a perdu sa botte,
Et que, marchant toujours, enfin il s'est trouvé
Une botte de moins quand il est arrivé.

LISETTE.

De ces distractions il est assez capable.

LE CHEVALIER.

L'aventure est comique, ou je me donne au diable.
Mais ce n'est rien encore; et son valet m'a dit
(Je le crois aisément) que le jour qu'il partit
Pour aller voir mourir son oncle en Normandie,
Il suivit le chemin qui mène en Picardie,
Et ne s'aperçut point de sa distraction

ACTE I, SCÈNE VI.

Que quand il découvrit les clochers de Noyon.
LISETTE.
Il a pris le plus long pour faire sa visite:
LE CHEVALIER, *à Valère.*
Fussiez-vous descendu du lugubre Héraclite
De père en fils, parbleu, vous rirez de ce trait.
Vous faites le Caton ; riez donc tout-à-fait,
Mon oncle ; allons gai , gai ; vous avez l'air sauvage.
VALÈRE.
Vous, n'aurez-vous jamais celui d'un homme sage ?
Faudra-t-il qu'en tous lieux vos airs extravagants,
Vos ris immodérés, donnent à rire aux gens ?
LE CHEVALIER.
Si quelqu'un rit de moi, moi, je ris de bien d'autres.
Vous condamnez mes airs, et je blâme les vôtres ;
Et, dans ce beau conflit, ce que je trouve bon,
C'est que nous prétendons avoir tous deux raison.
Pour moi, je n'ai pas tort. Il faut bien que je rie
De tout ce que je vois tous les jours dans la vie.
Cette vieille qui va marchander des galants,
Comme un autre feroit du drap chez les marchands ;
Cidalise, qu'on sait avoir l'âme si bonne,
Qu'elle aime tout le monde et n'éconduit personne ;
Lucinde, qui, pour rendre un adieu plus touchant,
Jusque sur la frontière accompagne un amant,
Ne sont pas des sujets qui doivent faire rire ?

2.

Parbleu, vous vous moquez.
VALÈRE.
Eh bien! votre satire
S'exerce-t-elle assez ? D'un trait envenimé
Toujours l'honneur du sexe est par vous entamé ;
Celles dont vous vantez mille faveurs reçues,
De vos jours bien souvent vous ne les avez vues.
Sur ce cruel défaut ne changerez-vous point ?
LE CHEVALIER. (*Il fait deux ou trois pas de ballet.*)
Il ne prêche pas mal. Passez au second point,
Je suis déjà charmé. Que dis-tu de ma danse,
Lisette ?
LISETTE.
Vous dansez tout-à-fait en cadence.
VALÈRE.
Vous vous faites honneur d'être un franc libertin ;
Vous mettez votre gloire à tenir bien du vin ;
Et lorsque, tout fumant d'une vineuse haleine,
Sur vos pieds chancelants vous vous tenez à peine,
Sur un théâtre alors vous venez vous montrer :
Là, parmi vos pareils on vous voit folâtrer ;
Vous allez vous baiser comme des demoiselles ;
Et, pour vous faire voir jusque sur les chandelles,
Poussant l'un, heurtant l'autre, et comptant vos exploits,
Plus haut que les acteurs vous élevez la voix ;
Et tout Paris, témoin de vos traits de folie,

Rit plus cent fois de vous que de la comédie.
LE CHEVALIER.
Votre troisième point sera-t-il le plus fort ?
Soyez bref en tout cas, car Lisette s'endort ;
Moi, je bâille déjà.
VALÈRE.
Moi, votre train de vie
Cent fois bien autrement et me lasse et m'ennuie ;
Et je serai contraint de faire à votre sœur
Le bien que je voulois faire en votre faveur.
Votre père, en mourant, ainsi que votre mère,
Vous laissèrent de bien une somme légère ;
Et, pour vous établir le reste de vos jours,
Vous devez de moi seul attendre du secours.
LE CHEVALIER.
Mais que fais-je donc tant, monsieur, ne vous déplaise,
Pour trouver ma conduite à tel excès mauvaise ?
J'aime, je bois ; je joue ; et ne vois en cela
Rien qui puisse attirer ces réprimandes-là ;
Je me lève fort tard, et je donne audience
A tous mes créanciers.
LISETTE.
Oui ; mais, en récompense,
Vous donnez peu d'argent.
LE CHEVALIER.
De là je pars sans bruit,

Quand le jour diminue et fait place à la nuit,
Avec quelques amis, et nombre de bouteilles,
Que nous faisons porter, pour adoucir nos veilles,
Chez des femmes de bien, dont l'honneur est entier,
Et qui de leur vertu parfument le quartier.
Là, nous passons la nuit d'une ardeur sans égale;
Nous sortons au grand jour pour ôter tout scandale;
Et chacun, en bon ordre, aussi sage que moi,
Sans bruit, au petit pas se retire chez soi.
Cette vie innocente est-elle condamnée?
Ne faire qu'un repas dans toute une journée!
Un malade, entre nous, se conduiroit-il mieux?

LISETTE.

Vous êtes trop réglé.

LE CHEVALIER, *à Valère*.

Voyez-le par vos yeux.
Nous sommes cinq amis que la joie accompagne,
Qui travaillons ce soir en bon vin de Champagne:
Vous serez le sixième, et vous paierez pour nous:
Car à cinq chevaliers, en nous cotisant tous,
Et ramassant écus, livres, deniers, oboles,
Nous n'avons encor pu faire que deux pistoles.

LISETTE.

Heureux le cabaret, monsieur, qui vous attend!
Vous voilà cinq seigneurs bien en argent comptant!

ACTE I, SCÈNE VI.

VALÈRE.

Mais n'êtes-vous pas fou....

LE CHEVALIER.

A propos de folie,
Savez-vous que dans peu, monsieur, je me marie ?
(*à Lisette.*)
Comment gouvernes-tu cet objet de mes vœux ?

LISETTE.

Monsieur....

LE CHEVALIER.

S'apprête-t-elle à couronner mes feux ?
C'est un petit bijou que toute sa personne,
Que je veux mettre en œuvre, et que j'affectionne :
(*à Valère.*)
Elle est jeune, elle est riche; et de la tête aux pieds
Vous en seriez charmé, si vous la connoissiez.

VALÈRE.

Je la connois ; mais vous, connoissez-vous sa mère ?
Elle ne prétend pas songer à cette affaire.

LE CHEVALIER.

Elle ne prétend pas ! Il faut que nous voyions
Qui des deux doit avoir quelques prétentions.
Elle ne prétend pas ! Parbleu, le mot me touche :
Je veux apprivoiser cet animal farouche.

LISETTE.

L'apprivoiser, monsieur ? vous perdrez votre temps,

Et vous prendrez plutôt la lune avec les dents.

LE CHEVALIER, *à Lisette.*

Nous allons voir : suis-moi.

VALÈRE.

Hé ! doucement, de grâce ;
Ralentissez un peu cette amoureuse audace.
A vous voir on vous croit partir pour un assaut :
Et chez les gens ainsi s'en va-t-on de plein saut ?

LE CHEVALIER.

Elle ne prétend pas ! Ah ! vous pouvez lui dire
Que nous sommes instruits comme il faut se conduire ;
Et nous savons la règle établie en tel cas.
Je la trouve admirable, elle ne prétend pas !

VALÈRE.

Je n'épargnerai rien pour la rendre capable
De prendre à votre amour un parti convenable.
Vous, cependant, tâchez, avec des airs plus doux,
A mériter le choix qu'on peut faire de vous.

LE CHEVALIER.

J'y penserai, mon oncle. Adieu.

SCÈNE VII.

LE CHEVALIER, LISETTE.

LE CHEVALIER.

Toi, fine mouche,

ACTE I, SCÈNE VII.

Va conter mon amour à l'objet qui me touche.
Une affaire à présent m'empêche de le voir :
Je vais tâter du vin dont nous boirons ce soir
Une ample effusion ; et cependant, la belle,
Accepte ce baiser de moi pour Isabelle.

(Il veut la baiser.)

LISETTE.

Modérez les transports de vos convulsions :
Je ne me charge point de vos commissions ;
Donnez-les à quelque autre, ou faites-les vous-même.

LE CHEVALIER.

J'adore ta maîtresse, et je sens que je t'aime
Aussi par contre-coup.

LISETTE.

Monsieur, retirez-vous,
Vous pourriez me blesser ; je crains les contre-coups.

SCÈNE VIII.

LISETTE, *seule.*

Quel amant ! Pour raison importante il diffère
D'aller voir sa maîtresse ; et quelle est cette affaire ?
Il va tâter du vin ! Ma foi, les jeunes gens,
A ne rien déguiser, aiment bien en ce temps !
Heu ! les femmes, déjà si souvent attrapées,
Seront-elles encor par les hommes dupées ?

Aimera-t-on toujours ces petits vilains-là ?
Maudit soit le premier qui nous ensorcela !
Mais à bon chat bon rat ; et ce n'est pas merveille,
Si les femmes souvent leur rendent la pareille.

FIN DU PREMIER ACTE.

ACTE SECOND.

SCÈNE I.

LISETTE, CARLIN.

LISETTE.
Avec plaisir, Carlin, je te vois en ces lieux.

CARLIN.
Fraîchement débarqué, je parois à tes yeux ;
Et mes cheveux encor sont sous la papillotte.

LISETTE.
Eh bien, ton maître enfin a-t-il trouvé sa botte ?

CARLIN.
Et qui diable déjà t'a conté de ses tours ?

LISETTE.
Je sais tout.

CARLIN.
Il m'en fait bien d'autres tous les jours.
Hier encore, en mangeant un œuf sur son assiette,
Il prit, sans y songer, son doigt pour sa mouillette,

Et se mordit, morbleu, jusques au sang.
LISETTE.
Je crois
Qu'il n'y retourna pas une seconde fois.
CARLIN.
Sortant d'une maison, l'autre jour, par bévue,
Pour son carrosse il prit celui qui dans la rue
Se trouva le premier : le cocher touche, et croit
Qu'il mène son vrai maître à son logis tout droit.
Léandre arrive, il monte, il va, rien ne l'arrête ;
Il entre en une chambre où la toilette est prête,
Où la dame du lieu, qui ne s'endormoit pas,
Attendoit son époux couchée entre deux draps.
Il croit être en sa chambre, et, d'un air de franchise,
Assez diligemment il se met en chemise,
Prend la robe de chambre, et le bonnet de nuit ;
Et bientôt il alloit se mettre dans le lit,
Lorsque l'époux arrive. Il tempête, il s'emporte,
Le veut faire sortir, mais non pas par la porte ;
Quand mon maître étonné se sauva de ce lieu
Tout en robe de chambre, ainsi qu'il plut à Dieu.
Mais un moment plus tard, pour t'achever mon conte,
Le maître du logis en avoit pour son compte.
LISETTE.
Ton récit est charmant. Mais, raillerie à part,
Dis-moi, qu'avez-vous fait depuis votre départ ?

ACTE II, SCÈNE I.

CARLIN.
Nous venons, mon enfant, de courre un bénéfice.

LISETTE.
Un bénéfice, toi ?

CARLIN.
Pour te rendre service.
Mais nos soins empressés ne nous ont rien valu ;
Et le diable a sur nous jeté son dévolu.

LISETTE.
Explique-toi donc mieux.

CARLIN.
Ah ! Lisette, j'enrage.
Notre espoir dans le port vient de faire naufrage.
Nous croyions hériter, du côté maternel,
D'un oncle.... ah, ciel ! quel oncle ! il est oncle éternel.
Nous attendions en paix que son âme à toute heure
Passât de cette vie en une autre meilleure ;
Nous le laissions mourir à sa commodité,
Quand, un beau jour enfin, le ciel, par charité,
A fait tomber sur lui deux ou trois pleurésies,
Qu'escortoient en chemin nombre d'apoplexies.
Nous partons aussitôt, faisant partout *flores*,
Sûrs de trouver déjà le bon homme *ad patres*.
Mais fol et vain espoir ! vermisseaux que nous sommes !
Comme le ciel se rit des vains projets des hommes !
Écoute la noirceur de ce maudit vieillard.

LISETTE.

Vous êtes arrivés sans doute un peu trop tard ;
Et quelque autre avant vous....

CARLIN.
Non.

LISETTE.
Il auroit peut-être
En faveur de quelqu'un déshérité ton maître ?

CARLIN.

Point.

LISETTE.
Il a déclaré, se voyant sur sa fin,
Quelque enfant provenu d'un hymen clandestin ?

CARLIN.

Non : il ne fit jamais d'enfants par avarice.

LISETTE.

Parle donc, si tu veux.

CARLIN.
Le vieillard, par malice,
Malgré nos vœux ardents, n'a pas voulu mourir.

LISETTE.

Ce trait est vraiment noir, et ne se peut souffrir.

CARLIN.

Par trois fois de ma main il a pris l'émétique ;
Et je n'en donnois pas une dose modique.
J'y mettois double charge, afin que par mes soins

ACTE II, SCÈNE I.

Le pauvre agonisant en languit un peu moins :
Mais par trois fois le sort, injuste, inexorable,
N'a point donné les mains à ce soin charitable ;
Et le bon homme enfin, à quatre-vingt-neuf ans,
Malgré sa fièvre lente et ses redoublements,
Sa fluxion, son rhume, et ses apoplexies,
Son crachement de sang, et ses trois pleurésies,
Sa goutte, sa gravelle, et son prochain convoi
Déjà tout préparé, se porte mieux que moi.

LISETTE.

Votre course n'a pas produit grand avantage.

CARLIN.

Nous en avons été pour les frais du voyage.
Mais nous avons laissé Poitevin tout exprès
Pour prendre sur les lieux nos petits intérêts :
Il doit de temps en temps nous donner des nouvelles ;
Et nous nous conduirons par ses avis fidèles.

LISETTE.

Sans avoir donc rien fait vous voilà de retour !
Je vous applaudis fort. Mais comment va l'amour ?
Ton maître aime toujours ?

CARLIN.

              Cela n'est pas croyable.
Je le vois pour Clarice amoureux comme un diable,
C'est-à-dire beaucoup ; mais, comme il est distrait,
Son esprit se promène encor sur quelque objet.

Le dédit que son oncle a fait pour Isabelle
Partage son amour, et le tient en cervelle.
Je sais que ta maîtresse a de naissants appas,
Et surtout de grands biens, que Clarice n'a pas ;
Mais mon maître est fidèle, et son âme est pétrie
De la plus fine fleur de la galanterie :
Il ne ressemble pas à quantité d'amants ;
C'est un homme, morbleu, tout plein de sentiments

LISETTE.

Mais, s'il aime Clarice ensemble et ma maîtresse,
Que puis-je faire, moi, pour servir sa tendresse ?
Les épousera-t-il toutes deux ?

CARLIN.

Pourquoi non ?
Il le fera fort bien en sa distraction.
C'est un homme étonnant et rare en son espèce :
Il rêve fort à rien, il s'égare sans cesse ;
Il cherche, il trouve, il brouille, il regarde sans voir
Quand on lui parle blanc, soudain il répond noir ;
Il vous dit non pour oui, oui pour non ; il appelle
Une femme, monsieur, et moi, mademoiselle ;
Prend souvent l'un pour l'autre ; il va sans savoir où
On dit qu'il est distrait, mais moi, je le tiens fou :
D'ailleurs fort honnête homme, à ses devoirs austère
Exact, et bon ami, généreux, doux, sincère,
Aimant, comme j'ai dit, sa maîtresse en héros :

ACTE II, SCÈNE I.

Il est et sage et fou ; voilà l'homme en deux mots.

LISETTE.

Si Léandre ressent une tendresse extrême
Pour Clarice, Isabelle est prise ailleurs de même,
Et pour le chevalier son cœur s'est découvert.

CARLIN.

Tant mieux. Il nous faudra travailler de concert
Pour détourner le coup de ce dédit funeste ;
Et l'amour avec nous achèvera le reste.

LISETTE.

De tes soins empressés nous attendrons l'effet.

CARLIN.

Soit. Adieu donc. Mon maître est dans son cabinet ;
Il m'attend. J'ai voulu, comme le cas me touche,
Apprendre, en arrivant, ta santé par ta bouche.

LISETTE.

Je me porte là là : mais toi ?

CARLIN.

. Coussi, coussi.
En très bonne santé j'arriverois ici,
Si je n'étois porteur d'une large écorchure.

LISETTE.

Bon ! c'est des postillons l'ordinaire aventure.
Jusqu'au revoir. Adieu, courrier malencontreux.

(*Elle sort.*)

CARLIN.

Mon grand mal est celui que m'ont fait tes beaux yeux;
Mon cœur est plus navré de ton humeur légère.

SCÈNE II.

CARLIN, *seul.*

Cette friponne-là feroit bien mon affaire.
Mais mon maître paroît; il tourne ici ses pas.

SCÈNE III.

LÉANDRE, CARLIN.

CARLIN.

Il rêve, il parle seul, et ne m'aperçoit pas.
LÉANDRE, *se promenant sur le théâtre en rêvant, un de ses bas déroulé.*

Je ne sais si l'absence, aux amants peu propice,
Ne m'a point effacé de l'esprit de Clarice.
On en trouve bien peu de ces cœurs généreux
Qui dans l'éloignement sachent garder leurs feux;
Un moment les éteint, ainsi qu'il les fit naître.

CARLIN.

Me mettant face à face, il me verra peut-être.
LÉANDRE. (*Il heurte Carlin sans s'en apercevoir.*)
Je serois bien à plaindre, aimant comme je fais,

ACTE II, SCÈNE III.

Qu'un autre profitât du fruit de ses attraits.
Plus je ressens d'amour, plus j'ai d'inquiétude.
Je ne puis demeurer dans cette incertitude ;
Je veux entrer chez elle et sans perdre de temps.
Carlin, va me chercher mon épée et mes gants.

CARLIN.

J'y cours, et je reviens, monsieur, à l'heure même.

SCÈNE IV.

LÉANDRE, *seul*.

Je suis plus que jamais dans une peine extrême.
Si mon oncle fût mort, j'aurois, à mon retour,
Disposé de mon cœur en faveur de l'amour ;
Mais je vois tout d'un coup mon attente trompée.

SCÈNE V.

CARLIN, LÉANDRE.

CARLIN.

Je ne trouve, monsieur, ni les gants ni l'épée.

LÉANDRE.

Tu ne les trouves point ! Voilà comme tu fais !
Ce qu'on te voit chercher ne se trouve jamais.
Je te dis qu'à l'instant ils étoient sur ma table.

CARLIN.

Mais j'ai cherché partout, ou je me donne au diable.
Il faut donc qu'un lutin soit venu les cacher.
(*Il s'aperçoit que Léandre a son épée et ses gants.*)
Ah! ah! le tour est bon, et j'avois beau chercher.
Dormez-vous? veillez-vous?

LÉANDRE.

Quoi! que veux-tu donc dire?

CARLIN.

Fi donc! arrêtez-vous; monsieur, voulez-vous rire?
(*à part.*)
Il en tient un peu là. Sa présence d'esprit
A chaque instant du jour me charme et me ravit.

LÉANDRE.

Mais dis-moi donc, maraud....

CARLIN.

Ah, la belle équipée!
Hé! sont-ce là vos gants? est-ce là votre épée?

LÉANDRE.

Ah, ah!

CARLIN.

Ah, ah!

LÉANDRE.

Je rêve, et j'ai certain ennui....

CARLIN, *à part.*

Ce ne sera pas là le dernier d'aujourd'hui.

ACTE II, SCÈNE V.

LÉANDRE.

Tout autre objet, Carlin, met mon cœur au supplice.
Je veux bien l'avouer, je n'aime que Clarice.
Ma famille prétend, attendu mes besoins,
Que j'épouse Isabelle, et je feins quelques soins.
Son bien me remettroit en fort bonne figure ;
Mais je brûle, Carlin, d'une flamme trop pure ;
Biens, fortune, intérêt, gloire, sceptre, grandeur,
Rien ne sauroit bannir Clarice de mon cœur :
Je ressens de la voir la plus ardente envie....
Quelle heure est-il ?

CARLIN.

Il est six heures et demie.

LÉANDRE.

Fort bien. Qui te l'a dit ?

CARLIN.

Comment, qui me l'a dit ?
(à part.)
Palsembleu, c'est l'horloge. Il perd, ma foi, l'esprit.

LÉANDRE, *riant*.

Mais connois-tu comment la chose est avenue,
Et par quel accident ma botte s'est perdue ?
Je l'avois ce matin en montant à cheval.

CARLIN.

Riez, c'est fort bien fait, le trait est sans égal.
Mais, à propos de botte, un sort doux et propice

Tout à souhait ici vous amène Clarice.
Mettez, de grâce, un frein à votre vertigo,
Et n'allez pas ici faire de quiproquo.

SCÈNE VI.

CLARICE, LÉANDRE, CARLIN.

LÉANDRE, *à Clarice.*

J'allois m'offrir à vous, flatté de l'espérance
D'adoucir les tourments de près d'un mois d'absence.
Vous êtes à mes yeux plus belle que jamais ;
Chaque jour, chaque instant augmente vos attraits ;
A chaque instant aussi mon amoureuse flamme
(*à Carlin.*)
Croît comme vos appas.... Un fauteuil à madame.
(*Carlin apporte un fauteuil, Léandre s'assied dessus.*)

CLARICE.

Chaque amant parle ainsi ; mais souvent, de retour,
Il oublie avec lui de ramener l'amour.
Notre sexe autrefois changeoit, c'étoit la mode ;
Le premier en amour il prit cette méthode :
Les hommes ont depuis trouvé cela si doux,
Qu'ils sont dans ce grand art bien plus savants que nous.

CARLIN, *voyant que son maître a pris le fauteuil,*
apporte un tabouret à Clarice.

Madame, vous plaît-il de vous mettre à votre aise ?

ACTE II, SCÈNE VI.

Nous n'avons qu'un fauteuil ici, ne vous déplaise,
Et mon maître s'en sert, comme vous pouvez voir.

CLARICE, *à Carlin.*

Je te suis obligée, et ne veux point m'asseoir.
(*à Léandre.*)
Si je vous aimois moins, je serois plus tranquille :
A m'alarmer toujours l'amour me rend habile.
Je crains autant que j'aime, et mes foibles appas
Sur vos distractions ne me rassurent pas.
J'appréhende en secret que quelque amour nouvelle....

LÉANDRE.

Non, je n'aime que vous, adorable Isabelle.

CARLIN, *bas, à Léandre.*

Isabelle! Clarice.

LÉANDRE.

Et mes vœux les plus doux
Sont de passer mes jours et mourir avec vous.
Isabelle....

CARLIN, *bas, à Léandre.*

Clarice.

LÉANDRE.

A pour moi mille charmes;
L'amour prend dans ses yeux ses plus puissantes armes;
Isabelle est....

CARLIN, *bas, à Léandre.*

Clarice.

LÉANDRE.

A mes yeux un tableau
De tout ce que le ciel fit jamais de plus beau.

CLARICE, *à Carlin.*

Qu'entends-je ? Justes dieux ! ton maître est infidèle ;
Son erreur me fait voir qu'il adore Isabelle.
Je suis au désespoir ; et je sens dans mon cœur
Mon amour outragé se changer en fureur.

LÉANDRE, *sortant de sa rêverie.*

Quel sujet tout à coup vous a mise en colère,
Madame ? Ce maraud a-t-il pu vous déplaire ?

CLARICE.

Si quelqu'un me déplaît en ce moment, c'est vous.

LÉANDRE.

Moi ?

CLARICE.

Vous.

LÉANDRE.

Quoi ! je pourrois exciter ce courroux ?

CLARICE.

Vous êtes un ingrat, un lâche, un infidèle :
Suivez, servez, aimez, adorez Isabelle.

LÉANDRE, *à Carlin.*

Ah ! maraud, qu'as-tu dit ?

CARLIN.

Eh bien ! ne voilà pas ?

ACTE II, SCÈNE VI.

J'aurai fait tout le mal.

LÉANDRE, *à Clarice.*

J'adore vos appas ;
Et je veux que du ciel la vengeance et la foudre
Me punisse à vos yeux, et me réduise en poudre,
Si mon cœur, tout à vous, adore un autre objet.

CARLIN.

Ne jurez pas, monsieur ; vous êtes trop distrait.

CLARICE.

Vous aimez Isabelle ; et de quelle assurance
Prononcez-vous un nom dont mon amour s'offense ?

LÉANDRE.

J'ai parlé d'Isabelle ? Hé ! vous voulez, je croi,
Éprouver mon amour, ou vous railler de moi.
Moi, parler devant vous d'autre que de vous-même,
Vous, qui m'occupez seule, et que seule aussi j'aime !

CARLIN.

Il faudroit, par ma foi, qu'il eût perdu l'esprit.

LÉANDRE.

De ce cruel soupçon ma tendresse s'aigrit ;
Vos yeux vous sont garants qu'il ne m'est pas possible
Que pour quelque autre objet je devienne sensible.
Ah ! madame, à propos, vous avez quelque accès
Auprès du rapporteur que j'ai dans mon procès ;
Écrivez-lui, de grâce, un mot pour mon affaire.

CLARICE.

Volontiers.

CARLIN, *à part.*
A propos, est là fort nécessaire.

CLARICE.
Quels que soient vos discours pour me persuader,
J'aime trop pour ne pas toujours appréhender;
Mais ces distractions, qui vous sont naturelles,
Me rassurent un peu de mes frayeurs mortelles.
Je vous juge innocent, et crois que votre erreur
Provient de votre esprit plus que de votre cœur.

LÉANDRE.
Avec ces sentiments vous me rendez justice.

CARLIN, *à Clarice.*
Je suis sa caution, il n'a point de malice :
Mais le dédit pourroit traverser vos desseins.

CLARICE.
Mon oncle sur ce point nous prêtera les mains :
Il aime fort mon frère, et toute son envie
Seroit de voir un jour sa fortune établie :
Pour lui-même à la cour il brigue un régiment.

LÉANDRE.
Je m'offre à le servir pour avoir l'agrément.

CARLIN.
Tout à propos ici le voilà qui se montre.

SCÈNE VII.

LE CHEVALIER, LÉANDRE, CLARICE, CARLIN.

LE CHEVALIER, *embrassant Léandre.*
Hé! bonjour, mon ami. Quelle heureuse rencontre!
LÉANDRE, *au Chevalier.*
(*à Carlin.*)
Monsieur, avec plaisir.... Quel est cet homme-là ?
CARLIN.
C'est le chevalier.
LÉANDRE.
Ah !
LE CHEVALIER.
Quoi ! ma sœur, te voilà ?
Je t'en sais fort bon gré. Viens-tu, par inventaire,
Du cœur de ton amant te porter héritière ?
CLARICE.
Mais dis-moi, seras-tu toujours fou, chevalier ?
LE CHEVALIER.
C'est un charmant objet qu'un nouvel héritier,
Et le noir est pour moi la couleur favorite :
Un amant en grand deuil a toujours son mérite ;
Et quand, comme Carlin, on seroit mal formé,
Du moment qu'on hérite, on est sûr d'être aimé.

CARLIN.

Comment! comme Carlin! Sachez que, sans reproche,
Votre comparaison est odieuse, et cloche.
Chacun vaut bien son prix. Carlin, dans certains cas,
Pour certains chevaliers ne se donneroit pas.

LE CHEVALIER, *à Carlin.*

Tu te fâches, mon cher! il faut que je t'embrasse.
L'oncle a donc fait la chose enfin de bonne grâce?
As-tu trouvé le coffre à ton gré copieux?
Ses écus, ses louis étoient-ils neufs ou vieux?

CARLIN, *au Chevalier.*

Nous n'y prenons pas garde, et toujours avec joie
Nous recevons l'argent tel que Dieu nous l'envoie.

LE CHEVALIER.
(*Il chante.*)
Le bon homme est donc mort? J'en ai bien du regret.

CLARICE.

Cela se voit assez.

CARLIN.
L'air vient fort au sujet.

LE CHEVALIER.

Je te le veux chanter; j'en ai fait la musique,
Et les vers, dont chacun vaut un poëme épique.

AIR.

« Je me console au cabaret

ACTE II, SCÈNE VII.

« Des rigueurs d'une Iris qui rit de ma tendresse ;
« Là mon amour expire, et Bacchus en secret
    « Succède aux droits de ma maîtresse.
« Là mon amour expire....

CARLIN.

Au cabaret, c'est là mourir au champ d'honneur.

LE CHEVALIER, *chantant*.

    « Et Bacchus en secret
    « Succède, succède....

Ce bémol est-il fin, et va-t-il droit au cœur ?
    « Succède....

Qu'en dis-tu ?

CARLIN.

    Mais je dis que dans cet air si doux
Bacchus est plus habile à succéder que nous.

LE CHEVALIER, *il répète*.

    « Succède aux droits de ma maîtresse. »
(*à Léandre.*)
Que vous semble, monsieur, et de l'air et des vers ?

LÉANDRE, *sortant de la rêverie où il a été pendant la scène, prend Clarice par le bras, croyant parler au Chevalier, et la tire à un des bouts du théâtre.*

Vos intérêts en tout m'ont toujours été chers :
J'étois fort serviteur de monsieur votre père,
Et je veux vous servir de la bonne manière.

CLARICE, *à Léandre.*

Je me sens obligée à votre honnêteté.

LÉANDRE, *craignant d'être entendu, la ramène à l'autre côté du théâtre.*

Je crois que nous serions mieux de l'autre côté.

LE CHEVALIER. (*Il fait le même jeu de théâtre avec Carlin.*)

J'ai de ma part aussi quelque chose à te dire.
Il faut nous divertir....

CARLIN.

Que diantre! est-ce pour rire

LÉANDRE, *à Clarice.*

Je suis, comme l'on sait, assez bien près du roi;
Je veux vous faire avoir un régiment.

CLARICE.

A moi?

LÉANDRE.

A vous-même.

LE CHEVALIER, *à Carlin.*

Ton maître au moins n'est pas trop sag

CARLIN, *au Chevalier.*

D'accord. Il vous ressemble en cela davantage.

LÉANDRE, *à Clarice.*

Vous avez du service, un nom, de la valeur:
Il faut vous distinguer dans un poste d'honneur.

CLARICE.
Mais regardez-moi bien.
LÉANDRE.
Ah! je vous fais excuse,
Madame; et maintenant je vois que je m'abuse.
J'ai cru qu'au Chevalier....
LE CHEVALIER.
Ma sœur un régiment!
CARLIN.
Ce seroit de milice un nouveau supplément;
Et, si chaque famille armoit une coquette,
Cette troupe, je crois, seroit bientôt complète.
LE CHEVALIER.
Cet homme-là, ma sœur, t'aime à perdre l'esprit.
CLARICE.
Je m'en flatte en secret, du moins il me le dit.
LE CHEVALIER, *à Léandre.*
Je crois bien que vos vœux tendent au mariage :
Ma sœur en vaut la peine; elle est belle, elle est sage
LÉANDRE.
Ah! monsieur, point du tout.
LE CHEVALIER.
Comment donc, point du tout ?
Cette grâce, cet air....
LÉANDRE.
Il n'est point de mon goût.

LE CHEVALIER.

Cependant vous l'aimez ?

LÉANDRE.

Oui, j'aime la musique;
Mais, si vous voulez bien qu'en ami je m'explique,
Votre air n'a point ce tour tendre, agréable, aisé ;
Et le chant, entre nous, m'en paroît trop usé.

LE CHEVALIER.

Et qui vous parle ici de vers et de musique?
Cet amant-là, ma sœur, est tout-à-fait comique.

LÉANDRE.

Vous chantiez à l'instant; et ne parlez-vous pas
De votre air ?

LE CHEVALIER.

Non, vraiment.

LÉANDRE.

J'ai donc tort en ce cas.

LE CHEVALIER.

Je vous entretenois ici de votre flamme ;
Et voulois pour ma sœur faire expliquer votre âme,
Savoir si vous l'aimez.

LÉANDRE.

Si je l'aime, grands dieux !
Ne m'interrogez point, et regardez ses yeux.

LE CHEVALIER.

Vous avez le goût bon. Si je n'étois son frère,

Près d'elle on me verroit bien loin pousser l'affaire ;
Mais je suis pris ailleurs. Près d'un objet vainqueur
Je fais à petit bruit mon chemin en douceur.
J'ai jusqu'ici conduit mon affaire en silence :
J'abhorre le fracas, le bruit, la turbulence ;
Et je vais pour chercher cet objet de mes feux.

SCÈNE VIII.

LÉANDRE, CARLIN, CLARICE.

LÉANDRE, *à Clarice.*

Puisque vous désirez si tôt quitter ces lieux,
Souffrez donc, s'il vous plait, que je vous reconduise.
(*Il met un gant, et présente à Clarice la main qui est nue.*)

CARLIN, *à Léandre.*

Vous donnez une main pour l'autre, par méprise.

LÉANDRE. (*Il ôte le gant qu'il avoit.*)
Il est vrai.

CLARICE, *à Léandre.*

Demeurez, et ne me suivez pas.

LÉANDRE.

Je veux jusque chez vous accompagner vos pas.
(*Il donne la main à Clarice jusqu'au milieu du théâtre, et la quitte pour parler à Carlin. Clarice sort.*)

SCÈNE IX.

LÉANDRE, CARLIN.

LÉANDRE.

J'ai, Carlin, en secret, un ordre à te prescrire;
Écoute.... Je ne sais ce que je voulois dire....
Va chez mon horloger, et reviens au plus tôt.
Prends de ce tabac.... Non, tu n'iras que tantôt.

CARLIN, *à part.*

Le beau secret, ma foi!

SCÈNE X.

LE CHEVALIER, LÉANDRE, CARLIN.

LÉANDRE. (*Il retourne pour donner la main à Clarice, et la donne au Chevalier.*)

Souffrez ici sans peine
Qu'à votre appartement, madame, je vous mène.

LE CHEVALIER, *contrefaisant la voix de femme.*

Vous êtes trop honnête, il n'en est pas besoin.

LÉANDRE, *s'apercevant qu'il parle au Chevalier.*

Vous êtes encor là! Je vous croyois bien loin.
Je cherchois votre sœur; et ma peine est extrême....

LE CHEVALIER.

Vous ne vous trompez pas, c'est une autre elle-même.

Mais si jamais, monsieur, vous êtes son époux,
Dans vos distractions défiez-vous de vous.
Une femme suffit; tenez-vous à la vôtre.
N'allez pas, par méprise, en conter à quelque autre.
Ma sœur n'est pas ingrate; et, sans égard aux frais,
Elle vous le rendroit avec les intérêts.
Adieu, monsieur. Je suis tout à votre service.

SCÈNE XI.

LÉANDRE, CARLIN.

LÉANDRE.

Je cherche vainement, et ne vois point Clarice.

CARLIN.

N'étant plus en ce lieu, vous ne sauriez la voir.

LÉANDRE.

Ah! mon pauvre Carlin, je suis au désespoir.
Que je suis malheureux! contre moi tout conspire.
J'avois dans ce moment cent choses à lui dire.
Ne perdons point de temps : sortons, suivons ses pas :
Je ne suis plus à moi quand je ne la vois pas.

CARLIN.

Et quand vous la voyez, c'est cent fois pis encore.

SCÈNE XII.

CARLIN, *seul.*

Il auroit bien besoin de deux grains d'ellébore.
Il étoit moins distrait hier qu'il n'est aujourd'hui :
Cela croît tous les jours. Je me gâte avec lui.
On m'a toujours bien dit qu'il falloit dans la vie,
Fuir autant qu'on pouvoit mauvaise compagnie;
Mais je l'aime, et je sais qu'un cœur qui n'est point faux
Doit aimer ses amis avec tous leurs défauts.

FIN DU SECOND ACTE.

ACTE TROISIÈME.

SCÈNE I.

ISABELLE, LISETTE.

LISETTE.

Grace au ciel, à la fin vous quittez la toilette;
Votre mère aujourd'hui doit être satisfaite.
De notre diligence on peut se prévaloir;
Il n'est encore au plus que sept heures du soir.

ISABELLE.

Il me semble pourtant que j'aurai peine à plaire.
Si je n'ai pas les yeux si vifs qu'à l'ordinaire,
Ma mère en est la cause; et ce qu'elle me dit
Me brouille tout le teint, me sèche, et m'enlaidit.

LISETTE.

Elle enrage à vous voir si grande et si bien faite.
La loi devroit contraindre une mère coquette,
Quand la beauté la quitte, ainsi que les amants,
Et qu'elle a fait sa charge environ cinquante ans,
D'abjurer la tendresse, et d'avoir la prudence

De faire recevoir sa fille en survivance.
ISABELLE.
Que ce seroit bien fait ! Car enfin, en amour,
Il faut, n'est-il pas vrai, que chacun ait son tour.
LISETTE.
Oui, la chanson le dit. Dites-moi, je vous prie,
Si pour le Chevalier votre âme est attendrie :
Est-ce estime ? est ce amour ?
ISABELLE.
Oh ! je n'en sais pas tant.
LISETTE.
Mais encor ?
ISABELLE.
Je ne sais si ce que mon cœur sent
Se peut nommer amour ; mais enfin je t'avoue
Que j'ai quelque plaisir d'entendre qu'on le loue :
Par un destin puissant et des charmes secrets
Je me trouve attachée à tous ses intérêts ;
Je rougis, je pâlis quand il s'offre à ma vue ;
S'il me quitte, des yeux je le suis dans la rue.
Mais que te dis-je ? hélas ! mon cœur partout le suit :
Ses manières, son air, occupent mon esprit ;
Et souvent, quand je dors, d'agréables mensonges
M'en présentent l'image au milieu de mes songes.
Est-ce estime ? est-ce amour ?

ACTE III, SCÈNE I.

LISETTE.

C'est ce que vous voudrez ;
Mais enfin c'est un mal dont vous ne guérirez
Qu'avec un récipé d'un hymen salutaire ;
Et je veux m'employer à finir cette affaire.
Le Chevalier, tout franc, est bien mieux votre fait.
Léandre a de l'esprit, mais il est trop distrait.
Il vous faut un mari d'une humeur plus fringante,
Léger dans ses propos, qui toujours danse, chante ;
Qui vole incessamment de plaisirs en plaisirs,
Laissant vivre sa femme au gré de ses désirs ;
S'embarrassant fort peu si ce qu'elle dépense
Vient d'un autre ou de lui. C'est cette nonchalance
Qui nourrit la concorde, et fait que dans Paris
Les femmes, plus qu'ailleurs, adorent leurs maris.

ISABELLE.

Tu sais bien que ma mère est d'une humeur étrange :
Crois-tu que son esprit à ce parti se range ?
Elle m'a défendu de voir le Chevalier.

LISETTE.

Sans se voir, on ne peut pourtant se marier.
Ne vous alarmez point ; nous trouverons peut-être
Quelque moyen heureux que l'amour fera naître,
Qui pourra tout d'un coup nous tirer d'embarras.
Un sort heureux déjà conduit ici ses pas.

SCÈNE II.

ISABELLE, LE CHEVALIER, LISETTE.

LE CHEVALIER, *dansant et sifflant, à Isabelle.*
Je vous trouve à la fin. Ah! bonjour, ma princesse;
Vous avez aujourd'hui tout l'air d'une déesse;
Et la mère d'Amour, sortant du sein des mers,
Ne parut point si belle aux yeux de l'univers.
De votre amour pour moi je veux prendre ce gage.
(*Il lui baise la main.*)

ISABELLE.
Monsieur le Chevalier....

LISETTE, *au Chevalier.*
     Allons donc, soyez sage.
Comme vous débutez !

LE CHEVALIER, *à Lisette.*
      Nous autres gens de cour,
Nous savons abréger le chemin de l'amour.
Voudrois-tu donc me voir, en amoureux novice,
De l'amour à ses pieds apprendre l'exercice,
Pousser de gros soupirs, serrer le bout des doigts ?
Je ne fais point, morbleu, l'amour comme un bourgeois.
(*à Isabelle.*)
Je vais tout droit au cœur. Le croiriez-vous, la belle ?
Depuis dix ans et plus je cherche une cruelle,

ACTE III, SCÈNE II.

Et je n'en trouve point, tant je suis malheureux !
LISETTE.
Je le crois bien, monsieur, vous êtes dangereux !
LE CHEVALIER, *à Isabelle.*
J'ai bien bu cette nuit ; et, sans fanfaronnades,
A votre intention j'ai vidé cent rasades.
Ah ! le verre à la main, qu'il faisoit beau nous voir !
Il fait, parbleu, grand chaud.
ISABELLE.
                Voulez-vous vous asseoir ?
Lisette, des fauteuils.
LE CHEVALIER.
             Point de fauteuil, de grâce.
ISABELLE.
Oh ! monsieur, je sais bien....
LE CHEVALIER.
               Un fauteuil m'embarrasse ;
Un homme là-dedans est tout enveloppé :
Je ne me trouve bien que dans un canapé.
    (*à Lisette.*)
Fais-m'en approcher un pour m'étendre à mon aise.
LISETTE.
Tenez-vous sur vos pieds, monsieur, ne vous déplaise.
J'enrage quand je vois des gens, qu'à tout moment
Il faudroit étayer, comme un vieux bâtiment,
Couchés dans des fauteuils, barrer une ruelle.

Et mort non de ma vie ! une bonne escabelle.
Soyez dans le respect. Nos pères autrefois
Ne s'en portoient que mieux sur des meubles de bois.

ISABELLE.

Paix donc ; ne lui dis rien, Lisette, qui le blesse.

LISETTE, *à Isabelle.*

Bon ! bon ! il faut apprendre à vivre à la jeunesse.

LE CHEVALIER.

Lisette est en courroux. Çà, changeons de discours.
Comment suis-je avec vous ? M'adorez-vous toujours ?
Cette maman encor fait-elle la hargneuse ?
C'est un vrai porc-épic.

ISABELLE.

Elle est toujours grondeuse ;
Elle m'a depuis peu défendu de vous voir.

LE CHEVALIER.

De me voir ? Elle a tort. Sans me faire valoir,
Je prétends vous combler d'une gloire parfaite ;
Car ce n'est qu'en mari que mon cœur vous souhaite.

ISABELLE.

En mari ! Mais, monsieur, vous êtes chevalier ;
Ces gens-là ne sauroient, dit-on, se marier.

LE CHEVALIER.

Quel abus ! Nous faisons tous les jours alliance
Avec tout ce qu'on voit de femmes dans la France.

ACTE III, SCÈNE II.

LISETTE, *entendant madame Grognac.*

Ah ! madame Grognac !

ISABELLE.

Ah ! monsieur, sauvez-vous.
Sortez. Non ; revenez.

LISETTE.

Où nous cacherons-nous ?

LE CHEVALIER.

Laissez, laissez-moi seul affronter la tempête.

LISETTE.

Ne vous y jouez pas. Il me vient dans la tête
Un dessein qui pourra nous tirer d'embarras.
Elle sait votre nom, mais ne vous connoît pas :
Nous attendons un maître en langue italienne ;
Faites ce maître-là, pour nous tirer de peine.

ISABELLE.

Elle approche, elle vient. O ciel !

LE CHEVALIER.

C'est fort bien dit :
En cette occasion j'admire ton esprit ;
J'ai par bonheur été deux ans en Italie.

SCÈNE III.

Mme GROGNAC, ISABELLE, LE CHEVALIER LISETTE.

Mme GROGNAC, *à Isabelle.*

Ah ! vraiment, je vous trouve en bonne compagnie
Quel est cet homme-là ?

LISETTE.

Ne le voit-on pas bien
C'est, comme on vous a dit, ce maître italien
Qui vient montrer sa langue.

Mme GROGNAC.

Il prend bien de la peir
Ma fille, pour parler, n'a que trop de la sienne :
Qu'elle apprenne à se taire, elle fera bien mieux.

LE CHEVALIER, *à Isabelle.*

Un grand homme disoit que s'il parloit aux dieux,
Ce seroit espagnol ; italien, aux femmes ;
L'amour par son accent se glisse dans leurs âmes
A des hommes, françois ; et suisse, à des chevaux
Das dich der donder schalcq.

LISETTE.

Ah ! juste ciel, quels mo

Mme GROGNAC.

Comme je ne veux point qu'elle parle à personne,

ACTE III, SCÈNE III.

Sa langue lui suffit, et je la trouve bonne.

LE CHEVALIER, *à Isabelle.*

Or je vous disois donc tantôt que l'adjectif
Devoit être d'accord avec le substantif.
Isabella bella, c'est vous, belle Isabelle.
   (*bas.*)
Amante fedele, c'est moi, l'amant fidèle,
Qui veut toute sa vie adorer vos appas.
   (*Madame Grognac s'approche pour écouter.*)
      (*haut, à Isabelle.*)
Il faut les accorder en genre, en nombre, en cas.

Mme GROGNAC, *au Chevalier.*

Tout votre italien est plein d'impertinence.

LE CHEVALIER, *à madame Grognac.*

Ayez pour la grammaire un peu de révérence.
   (*à Isabelle.*)
Il faut présentement passer au verbe actif :
Car moi, dans mes leçons, je suis expéditif.
Nous allons commencer par le verbe *amo*, j'aime.
Ne le voulez-vous pas ?

ISABELLE.

        Ma joie en est extrême.

LISETTE, *au Chevalier.*

Elle a pour vos leçons l'esprit obéissant.

LE CHEVALIER, *à Isabelle.*

Conjuguez avec moi, pour bien prendre l'accent.

Io amo, j'aime.

ISABELLE.

Io amo, j'aime.

LE CHEVALIER.

Vous ne le dites pas du ton que je demande.
(à madame Grognac.)
Vous me pardonnez bien si je la réprimande.
(à Isabelle.)
Il faut plus tendrement prononcer ce mot-là :
Io amo, j'aime.

ISABELLE, *fort tendrement.*

Io amo, j'aime.

LE CHEVALIER.

Le charmant naturel, madame, que voilà !
Aux dispositions qu'elle m'a fait paroître,
Elle en saura bientôt trois fois plus que son maître.
(à Isabelle.)
Je suis charmé. Voyons si d'un ton naturel
Vous pourrez aussi bien dire le pluriel.

Mme GROGNAC.

Elle en dit déjà trop, monsieur ; et, dans les suites,
Il faudra, s'il vous plaît, supprimer vos visites.

LE CHEVALIER.

J'ai trop bien commencé pour ne pas achever.

SCÈNE IV.

VALÈRE, LE CHEVALIER, Mme GROGNAC,
ISABELLE, LISETTE.

VALÈRE, *au Chevalier.*

Ah ! je suis, mon neveu, ravi de vous trouver.
(*à madame Grognac.*)
Madame, vous voyez, sans trop de complaisance,
Un gentilhomme ici d'assez belle espérance ;
Et, s'il pouvoit vous plaire, il seroit trop heureux.

LISETTE, *à part.*

Que le diable t'emporte !

ISABELLE, *à part.*

Ah ! contre-temps fâcheux !

Mme GROGNAC, *à Valère.*

Votre neveu ! Comment !

VALÈRE.

Il a su se produire,
Et n'a pas eu besoin de moi pour s'introduire.

Mme GROGNAC, *au Chevalier.*

Vous n'êtes pas, monsieur, un maître italien ?

VALÈRE.

Lui ! c'est le Chevalier.

LE CHEVALIER.

Il est vrai, j'en convien ;

Cela n'empêche pas que, dans quelques familles,
Je ne montre parfois l'italien aux filles.

Mme GROGNAC, *à Isabelle.*

Comment, impertinente !

LE CHEVALIER, *à madame Grognac.*

Ah ! point d'emportement.

Mme GROGNAC, *à Isabelle.*

Après vous avoir dit....

LE CHEVALIER, *à madame Grognac.*

Madame, doucement.
N'allez pas devant moi gronder mes écolières.

Mme GROGNAC, *au Chevalier.*

Mêlez-vous, s'il vous plaît, monsieur, de vos affaires
(*à Isabelle.*)
Lorsque je vous défends....

LE CHEVALIER, *à madame Grognac.*

Pour calmer ce courroux,
J'aime mieux vous baiser, maman.

Mme GROGNAC, *au Chevalier.*

Retirez-vous.
Je ne suis point, monsieur, femme que l'on plaisante.

LE CHEVALIER. (*Il prend madame Grognac par la main, chante, et la fait danser par force.*)
Je veux que nous dansions ensemble une courante.

ACTE III, SCÈNE IV.

VALÈRE, *les séparant, et mettant le Chevalier dehors.*

C'est trop pousser la chose ; allons, retirez-vous.

SCÈNE V.

VALÈRE, Mme GROGNAC, ISABELLE, LISETTE.

VALÈRE, *à madame Grognac.*

Et vous, pour éviter de vous mettre en courroux,
Dans votre appartement rentrez, je vous en prie.

Mme GROGNAC, *s'en allant.*

Ouf, ouf, je n'en puis plus.

SCÈNE VI.

VALÈRE, ISABELLE, LISETTE.

LISETTE, *à Valère.*

     Mais quelle étourderie !
Pour éviter le bruit, j'avois trouvé moyen
De le faire passer pour maître italien ;
Et vous êtes venu....

VALÈRE.

     Mon imprudence est haute ;
Mais je veux sur-le-champ réparer cette faute.

Je m'en vais la rejoindre, et tâcher de calmer
Son esprit violent prompt à se gendarmer.

(*Il sort.*)

SCÈNE VII.

LISETTE, ISABELLE.

LISETTE.

Voilà, je vous l'avoue, une fâcheuse affaire.

ISABELLE.

N'as-tu pas ri, Lisette, à voir danser ma mère?

LISETTE.

Comment donc! vous riez, et vous ne craignez pas
La foudre toute prête à tomber en éclats?

ISABELLE.

Laissons pour quelque temps passer ici l'orage.
Léandre vient; il faut nous ranger du passage.
Écoutons un moment : nous n'oserions sortir.
De ses distractions il faut nous divertir;
Il ne manquera pas d'en faire ici paroître.

LISETTE.

Je le veux; demeurons sans nous faire connoître.
Écoutons.

SCÈNE VIII.

LÉANDRE, CARLIN; ISABELLE *et* LISETTE,
dans le fond du théâtre.

LÉANDRE.

D'où viens-tu? parle donc, réponds-moi.
Je ne te vois jamais quand j'ai besoin de toi.

CARLIN.

J'exécute votre ordre avec zèle, ou je meure.
Vous avez oublié que, depuis un quart d'heure,
De dix commissions il vous plut me charger.
J'ai vu le rapporteur, le tailleur, l'horloger;
Et voilà votre montre enfin raccommodée;
Elle sonne à présent.

LÉANDRE, *prenant la montre.*

Il me l'a bien gardée.

CARLIN.

Vous m'avez commandé de même d'acheter
De bon tabac d'Espagne; en voilà pour goûter.

LÉANDRE. (*Il prend le papier où est le tabac.*)
Voyons.

CARLIN.

C'est du meilleur qu'on puisse jamais prendre,
Dont on frauda les droits en revenant de Flandre.

5.

LÉANDRE. (*Il jette la montre croyant jeter le tabac.*)

Quel horrible tabac! Tu veux m'empoisonner.

CARLIN.

La montre! Ah! voilà bien pour la faire sonner!
Quelle distraction, monsieur, est donc la vôtre!

LÉANDRE.

Oh! je n'y pensois pas, j'ai jeté l'un pour l'autre.

CARLIN.

Ne vous voilà pas mal! La montre cette fois
Va revoir l'horloger tout au moins pour six mois.

LÉANDRE.

Cours à l'appartement de l'aimable Clarice;
Sache si pour la voir le moment est propice;
Peins-lui bien mon amour, et quel est mon chagrin
D'avoir manqué tantôt à lui donner la main.
Va vite, cours, reviens.

CARLIN, *mettant la montre à son oreille.*

La montre est tout en pièces.
Vous devriez, monsieur, exercer vos largesses,
Et m'en faire présent....

LÉANDRE.

Va donc, ne tarde pas.
Je t'attends.

CARLIN.

J'obéis, et reviens sur mes pas.

SCÈNE IX.

LÉANDRE, ISABELLE, LISETTE.

ISABELLE.

Approchons-nous.

LÉANDRE, *croyant parler à Carlin, et sans voir Isabelle et Lisette.*

Carlin, j'attends tout de ton zèle.
Si Clarice venoit à parler d'Isabelle,
Dis-lui bien que mon cœur n'en fut jamais touché :
Par de plus nobles nœuds je me sens attaché.
Isabelle est jolie, au reste peu capable
De fixer le penchant d'un homme raisonnable ;
Malgré les faux dehors de sa simplicité,
Elle est coquette au fond.

LISETTE, *à Isabelle.*

La curiosité
Vous pourra coûter cher, aux sentiments qu'il montre.

LÉANDRE, *croyant répondre à Carlin.*

Mais me parleras-tu toujours de cette montre ?
Eh bien ! c'est un malheur. Fais-lui bien concevoir
Qu'Isabelle sur moi n'eut jamais de pouvoir,
Et que mon oncle en vain veut faire une alliance
Dont mon amour murmure, et dont mon cœur s'offense.

LE DISTRAIT.

ISABELLE.

Il ne m'aime pas trop, Lisette.

LÉANDRE, *croyant répondre à Carlin.*

Oui, l'on le dit.
Cette Lisette-là lui tourne mal l'esprit ;
C'est une babillarde, en intrigues habile,
Et qui, dans un besoin, pourroit montrer en ville.

LISETTE, *à Isabelle.*

Voilà donc mon paquet, et vous le vôtre aussi.
Lui dirai-je, à la fin, que vous êtes ici ?

LÉANDRE.

Oui, tu pourras lui dire. Avec impatience
J'attendrai ton retour : va, cours en diligence.
Que les hommes sont fous d'empoisonner leurs jours
Par des dégoûts cruels qu'ils ont dans leurs amours !
Je savoure à longs traits le poison qui me tue.

LISETTE.

C'est pendant trop de temps nous cacher à sa vue ;
Et je veux l'attaquer. Monsieur, si par hasard
Vous vouliez bien sur nous jeter quelque regard....

LÉANDRE, *sans les voir.*

Sans ce fâcheux dédit, qui vient troubler ma joie,
Je passerois des jours filés d'or et de soie.

LISETTE.

Vous voulez bien, monsieur, me permettre, à mon tour,
De vous féliciter sur votre heureux retour ?

ACTE III, SCÈNE IX.

LÉANDRE, *sans les voir.*

Au pouvoir de l'amour c'est en vain qu'on résiste.

LISETTE.

Monsieur, par charité....

LÉANDRE, *sans les voir.*

Que le ciel vous assiste !

LISETTE.

Sommes-nous donc déjà des objets de pitié ?
(*à Isabelle.*)
De tout ce qu'on me dit vous êtes de moitié.
(*à Léandre.*)
Tournez les yeux sur nous.

(*Elle le tire par la manche.*)

LÉANDRE.

Ah ! te voilà, Lisette.

LISETTE.

Et ma maîtresse aussi.

LÉANDRE, *à Isabelle.*

Que ma joie est parfaite !
Jamais rien de plus beau ne s'offrit aux regards ;
Les amours près de vous volent de toutes parts :
Aux coups de vos beaux yeux qui pourroit se soustraire !
Et qu'on seroit heureux si l'on pouvoit vous plaire !

ISABELLE, *à Léandre.*

Bon ! votre cœur pour moi ne fut jamais touché ;
Par de plus nobles nœuds vous êtes attaché :

Je suis un peu jolie, au reste peu capable
De fixer le penchant d'un homme raisonnable;
Malgré les faux dehors de ma simplicité,
Je suis coquette au fond.

LÉANDRE.

C'est une fausseté.
Lisette, tu devrois, dans le soin qui t'anime,
Lui faire prendre d'elle une plus juste estime :
Tu gouvernes son cœur.

LISETTE.

Oui, quelqu'un me l'a dit.
Cette Lisette-là lui tourne mal l'esprit;
C'est une babillarde, en intrigues habile,
Et qui pourroit montrer, en un besoin, en ville.
Votre panégyrique a pour nous des appas.
Quel peintre! par ma foi, vous ne nous flattez pas.

LÉANDRE, *à part.*

Ah! maraud de Carlin, dans peu ton imprudence
Recevra de ma main sa juste récompense.

LISETTE.

J'entends venir quelqu'un. Ah, ciel! quel embarras!
C'est madame Grognac qui revient sur ses pas.

ISABELLE.

Lisette, que dis-tu ?

LISETTE.

Votre mère en personne.

ACTE III, SCÈNE IX.

ISABELLE.

Quel parti prendre? ô ciel! Je tremble, je frissonne.
Sa brusque humeur sur nous pourroit bien éclater :
Aidez-moi, s'il vous plaît, monsieur, à l'éviter.

LÉANDRE.

Vous cacher à ses yeux est chose assez facile ;
Mon cabinet pour vous doit être un sûr asile :
Entrez-y.

ISABELLE.

Volontiers; mais que personne au moins
Ne puisse nous y voir.
(*Isabelle et Lisette entrent dans le cabinet de Léandre.*)

LÉANDRE.

Fiez-vous à mes soins.

SCÈNE X.

Mme GROGNAC, LÉANDRE.

Mme GROGNAC.

Je ne la trouve point. Monsieur, où donc est-elle?

LÉANDRE.

Qui, madame ?

Mme GROGNAC.

Ma fille.

LÉANDRE.
Eh! qui donc?

Mme GROGNAC.
Isabelle.
Que j'aurois de plaisir, avec deux bons soufflets,
A venger pleinement les affronts qu'on m'a faits!
Mais je ne perdrai pas ici toute ma peine,
Puisqu'il faut aussi-bien que je vous entretienne,
Et vous dise en deux mots que je veux, dès ce jour,
Votre oncle vif ou mort, terminer votre amour.
Vous savez ses desseins, et qu'un dédit m'engage,
Monsieur, à vous donner ma fille....

LÉANDRE.
En mariage?

Mme GROGNAC.
Comment donc? oui, monsieur, en mariage; oui:
Et je prétends, de plus, que ce soit aujourd'hui.
Je ne puis plus long-temps voir traîner cette affaire;
Et je vais ordonner qu'on m'amène un notaire :
C'est un point résolu, monsieur, dans mon cerveau.
La garde d'une fille est un trop lourd fardeau.

SCÈNE XI.

LÉANDRE, *seul*.

Ce dédit m'embarrasse et me tient en cervelle.

SCÈNE XII.

CARLIN, CLARICE, LÉANDRE.

CARLIN, *à Léandre.*

J'ai fait ce que vos vœux attendoient de mon zèle,
Et j'amène Clarice.

LÉANDRE.

Ah ! madame, en ces lieux
Quel bonheur tout nouveau vous présente à mes yeux ?

CLARICE.

Malgré votre dédit, je viens ici vous dire
Que mon oncle à vos vœux est tout prêt à souscrire.
Mon cœur en est charmé ; mais je crains votre humeur,
Et qu'une autre que moi ne règne en votre cœur.

LÉANDRE.

Ces soupçons mal fondés me font trop d'injustice,
Et je n'aime que vous, adorable Clarice.

SCÈNE XIII.

LÉANDRE, CLARICE, CARLIN, un LAQUAIS.

LE LAQUAIS, *à Clarice.*

Mon maître ici m'envoie avec ce mot d'écrit.

(*Clarice lit.*)

CARLIN, *au Laquais qui sort.*
Ce petit joufflu-là montre avoir de l'esprit.

SCÈNE XIV.

LÉANDRE, CLARICE, CARLIN.

CLARICE, *à Léandre.*
De votre rapporteur je reçois cette lettre :
Vous pouvez de ses soins bientôt tout vous promettre.
Je vous quitte un moment, et je monte là-haut
Pour lui faire réponse, et reviens au plus tôt.

LÉANDRE, *l'arrêtant.*
Si dans mon cabinet vous vouliez bien écrire,
Vous auriez plus tôt fait.

CLARICE.
Je craindrois de vous nuire.

LÉANDRE.
Vous me ferez plaisir, madame, assurément.

CLARICE.
Puisque vous le voulez, j'en use librement.
Je vais le supplier de vous faire justice,
Et de continuer à vous rendre service.
J'aurai fait en deux mots.

SCÈNE XV.

LÉANDRE, CARLIN.

CARLIN.

Vos feux sont en bon train ;
Je vous vois bientôt prêts à vous donner la main :
Le ciel jusques au bout nous garde de disgrâce !

SCÈNE XVI.

LISETTE, LÉANDRE, CARLIN.

LISETTE, *dans le cabinet.*

Sortons, sortons, madame ; il faut quitter la place.

SCÈNE XVII.

LÉANDRE, CARLIN.

CARLIN.

Dans votre cabinet, monsieur, j'entends du bruit.
Que veut dire cela ? n'est-ce point un esprit
Qui lutine Clarice ?

LÉANDRE.

Ah ! je vois ma méprise.
Carlin, tout est perdu ; j'ai fait une sottise.
En plaçant là Clarice, en mon esprit distrait,

Je n'ai pas réfléchi que dans ce même endroit
J'avois mis Isabelle.

CARLIN.

Isabelle ! Ah ! j'enrage.
Nous allons bientôt voir arriver du carnage.
Êtes-vous fou, monsieur ?

SCÈNE XVIII.

ISABELLE, CLARICE, LISETTE, LÉANDRE, CARLIN.

CARLIN.

Mais qu'est-ce que je vois !
Quelle prospérité ! Pour une, en voilà trois.

ISABELLE, *à Clarice.*

Vous pouvez dans ce lieu tout à votre aise écrire,
Et tant qu'il vous plaira ; pour moi, je me retire.

CLARICE.

Non pas, c'est moi qui sors, et le laisse avec vous :
Je sais qu'on ne doit pas troubler un rendez-vous.

LÉANDRE.

Le hasard, malgré moi, dans ce lieu vous assemble.
Mon dessein n'étoit point de vous y mettre ensemble.
 (*à Isabelle.*)
Votre mère tantôt....

ACTE III, SCÈNE XVIII.

ISABELLE.
Je suis au désespoir.

LÉANDRE, *à Clarice.*
Madame, vous saurez....

CLARICE.
Je ne veux rien savoir.

LÉANDRE, *à Isabelle.*
Je n'ai pas réfléchi que....

ISABELLE, *s'en allant.*
Vous êtes un traître.

SCÈNE XIX.

LÉANDRE, CLARICE, LISETTE, CARLIN.

LÉANDRE, *à Clarice.*
Le hasard....

CLARICE, *s'en allant.*
Devant moi gardez-vous de paroître.

SCÈNE XX.

LISETTE, LÉANDRE, CARLIN.

LISETTE, *à Carlin.*
Tu nous as fait le tour ; mais vingt coups de bâton,
Dans peu, monsieur Carlin, nous en feront raison.
(*Elle sort.*)

SCÈNE XXI.

CARLIN, LÉANDRE.

CARLIN.

Je tombe de mon haut.

LÉANDRE.

Moi, je me désespère.
Allons de l'une et l'autre arrêter la colère.

(*Il sort.*)

SCÈNE XXII.

CARLIN, *seul*.

Courons-y donc : je crains quelque accident cruel;
Et ces deux filles-là se vont battre en duel.

FIN DU TROISIÈME ACTE.

ACTE QUATRIÈME.

SCÈNE I.

VALÈRE, CLARICE.

CLARICE.
De vos soins généreux je vous suis obligée :
Mais depuis un moment mon âme est bien changée.

VALÈRE.
Plaît-il ?

CLARICE.
Je ne veux plus me marier.

VALÈRE.
Comment !
D'où vous peut donc venir un si prompt changement ?

CLARICE.
J'ai pensé mûrement aux soins du mariage,
Aux chagrins presque sûrs où son joug nous engage,
A cette liberté que l'on perd sans retour :
L'hymen est trop souvent un écueil pour l'amour.
Je ne me sens point propre aux soins d'une famille ;

Et, tout considéré, j'aime mieux rester fille.

VALÈRE.

Je sais bien que l'hymen peut avoir ses dégoûts;
Chaque état a les siens, et nous le sentons tous :
Cependant vous vouliez de moi ce bon office.

CLARICE.

D'accord; mais plus on voit de près le précipice,
Plus nos sens étonnés frémissent du danger.
Léandre est pris ailleurs; et, pour le dégager,
Votre application peut-être seroit vaine.

VALÈRE.

Calmez-vous, je prétends y réussir sans peine.
Léandre sent pour vous une sincère ardeur :
Je pourrois bien ici répondre de son cœur;
Et ce n'est qu'un devoir de pure obéissance
Qui retient jusqu'ici son esprit en balance.

SCÈNE II.

LE CHEVALIER, VALÈRE, CLARICE.

LE CHEVALIER.

Ah! mon oncle, parbleu, je vous trouve à propos
Pour vous laver la tête, et vous dire en deux mots....

VALÈRE.

Le début est nouveau.

ACTE IV, SCÈNE II.

LE CHEVALIER.
Se peut-il qu'à votre âge
Vous n'ayez pas encor les airs d'un homme sage ?
Si j'en faisois autant, je passerois chez vous
Pour un franc étourdi. Là, là, répondez-nous.

VALÈRE.

J'ai tort, mais....

LE CHEVALIER.
Mais, mais, mais !

CLARICE.
Quelle est votre querelle ?

LE CHEVALIER.

Je m'étois introduit tantôt chez Isabelle,
Que j'aime à la fureur, et qui m'aime encor plus ;
J'y passois pour un autre ; et monsieur là-dessus
Est venu brusquement gâter tout le mystère,
Et m'a mal à propos fait connoître à la mère.
Parlez ; n'est-il pas vrai ?

VALÈRE.
D'accord, mon cher neveu ;
Mais je réparerai ma faute.

LE CHEVALIER.
Eh ! ventrebleu,
C'est un étrange cas. Faut-il que la jeunesse
Apprenne maintenant à vivre à la vieillesse,
Et qu'on trouve des gens, avec des cheveux gris,

6.

Plus étourdis cent fois que nos jeunes marquis ?
Je n'y connois plus rien. Dans le siècle où nous somme
Il faut fuir dans les bois, et renoncer aux hommes.

VALÈRE.

Je veux vous marier, et votre sœur aussi.

LE CHEVALIER.

Ma sœur ? vous vous moquez.

VALÈRE.

Pourquoi donc ce souci?

LE CHEVALIER, *à Valère.*

Quelle injustice, ô ciel ! on me vole, on me pille.
Cela n'est point dans l'ordre; et l'on sait qu'une fille,
Pour enrichir un frère, en faire un gros seigneur,
Doit renoncer au monde.

CLARICE.

On connoît ton bon cœur;
Et je sais qui t'oblige à parler de la sorte ;
C'est l'amour de mon bien.

LE CHEVALIER.

Oui, le diable m'emporte.

VALÈRE.

Je prétends lui donner cinquante mille écus,
Vous réservant, à vous, de mon bien le surplus ;
Et je veux aujourd'hui terminer cette affaire.

SCÈNE III.

LE CHEVALIER, CLARICE.

LE CHEVALIER.

Veux-tu que sur ce point je m'explique en bon frère ?
Tu sais bien qu'entre nous nous parlons assez net.
Un hymen, quel qu'il soit, n'est point du tout ton fait.
Te voilà faite au tour ; nul soin ne te travaille ;
Et le premier enfant te gâteroit la taille.
Crois-moi, le mariage est un triste métier.

CLARICE.

Mon frère, cependant tu veux te marier.

LE CHEVALIER.

Le devoir d'une femme engage à mille choses ;
On trouve mainte épine où l'on cherchoit des roses :
Le plaisir de l'hymen est terrestre et grossier.

CLARICE.

Mon frère, cependant tu veux te marier.

LE CHEVALIER.

Parlons à cœur ouvert, et confessons la dette.
Je suis un peu coquet, tu n'es pas mal coquette :
Notre mère l'étoit, dit-on, en son vivant ;
Nous chassons tous de race, et le mal n'est pas grand :
Si quelque amant venoit frapper ta fantaisie,
Tu pourrois avec lui faire quelque folie.

CLARICE.

Mon frère, cependant....

LE CHEVALIER.

Tu vas te récrier :
Mon frère, cependant tu veux te marier.
Que diable ! tu réponds toujours la même prose.

CLARICE.

Mais tu me dis aussi toujours la même chose.

SCÈNE IV.

LE CHEVALIER, CLARICE, LISETTE.

LISETTE.

Bonjour, monsieur. Depuis votre maudit jargon,
La madame Grognac est pire qu'un dragon ;
Et je viens vous chercher ici pour vous apprendre
Qu'elle veut dès ce soir finir avec Léandre.
Elle m'a commandé de lui faire venir
Un notaire.

LE CHEVALIER.

Bon ! bon ! il faut la prévenir.

LISETTE, *apercevant Clarice.*

Ah ! vous voilà, madame ? Eh ! dites-moi, de grâce,
Au cabinet encor venez-vous prendre place ?
Quelque nouvel amant, en dépit des jaloux,
Vous donne-t-il ici quelque autre rendez-vous ?

ACTE IV, SCÈNE IV.

LE CHEVALIER.

Comment ! un rendez-vous ? Que dis-tu ? prends bien gar(de)
C'est ma sœur.

LISETTE.

Votre sœur ! Peste, quelle égrillarde !

CLARICE.

Pour faire une réponse aux termes d'un billet,
Léandre a bien voulu m'ouvrir son cabinet,
Où j'ai trouvé d'abord Isabelle enfermée.

LE CHEVALIER.

Isabelle !

CLARICE.

Et Lisette.

LE CHEVALIER.

Ah ! petite rusée !
Avant le mariage on me fait de ces tours !
L'augure est vraiment bon pour nos futurs amours !

LISETTE.

Ici mal à propos votre esprit se gendarme :
Le mal est donc bien grand pour faire un tel vacarme !
Ne vous souvient-il plus du maître italien,
Et de cette courante à contre-cœur ?

LE CHEVALIER.

Eh bien ?

LISETTE.

Eh bien ! pour éviter le retour de la dame,

Qui pestoit contre nous, et juroit dans son âme,
Nous avons fait retraite au cabinet sans bruit :
Clarice est arrivée en ce même réduit
Pour écrire une lettre ; et voilà le mystère.

LE CHEVALIER.

L'une écrit une lettre, et l'autre fuit sa mère,
Et toutes deux d'abord s'en vont chez un garçon :
C'est prendre son parti. L'asile est vraiment bon !

CLARICE.

Lisette, tu remets le calme dans mon âme ;
Mon soupçon se dissipe, et fait place à ma flamme.
Peut-être à tes discours j'ajoute trop de foi ;
Mais Léandre aujourd'hui triomphe encor de moi.

LE CHEVALIER, *l'arrêtant.*

Écoute donc, ma sœur.

CLARICE.

Que me veux-tu, mon frère ?

LE CHEVALIER.

Mets-toi dans un couvent ; tu ne saurois mieux faire.

CLARICE.

Je prends, comme je dois, tes conseils là-dessus ;
Mais l'avis ne vaut pas cinquante mille écus.

SCÈNE V.

LE CHEVALIER, LISETTE.

LE CHEVALIER.

Voilà ce que me vaut ta légère cervelle.
Le maudit instrument qu'une langue femelle !
De ses soupçons jaloux pourquoi la guéris-tu ?

LISETTE.

Comment ! de ma maîtresse effleurer la vertu !
J'entends venir quelqu'un. Adieu : je me retire.

SCÈNE VI.

LE CHEVALIER, LÉANDRE, CARLIN.

LE CHEVALIER, *à part.*

C'est Léandre ; tant mieux : j'ai deux mots à lui dire.
   (*à Léandre.*)
Un sort heureux, monsieur, vous présente à mes yeux.

LÉANDRE, *à Carlin.*

Peut-être elle pourra revenir en ces lieux.

LE CHEVALIER, *à Léandre.*

Je sais que vous voulez devenir mon beau-frère ;
C'est fort bien fait à vous : ma sœur a de quoi plaire ;
Elle est riche en vertus ; pour en argent comptant,

Je crois, sans la flatter, qu'elle ne l'est pas tant.
Quand mon père mourut, il nous laissa pour vivre
Ses dettes à payer, et sa manière à suivre ;
C'est, comme vous voyez, peu de bien que cela.

LÉANDRE, *au Chevalier.*

Et n'avez-vous jamais eu que ce père-là ?

LE CHEVALIER, *riant.*

Comment ?

LÉANDRE.

Que cette sœur, monsieur, j'ai voulu dire.

CARLIN.

L'erreur est pardonnable ; il ne faut point tant rire.

LE CHEVALIER.

Je sais votre naissance et votre probité,
Et je suis fort content de vous par ce côté.
Vous n'avez qu'un défaut, qui partout vous décèle ;
Dans le fond cependant c'est une bagatelle :
Mais je serois content de vous en voir défait.
Vous êtes accusé d'être un peu trop distrait ;
Et tout le monde dit que cette léthargie
Fait insulte au bon sens, et vise à la folie.

LÉANDRE.

Chacun ne peut pas être aussi sage que vous :
Tous les hommes, monsieur, sont différemment fous
Chacun a sa folie : et j'ai grâce à vous rendre

ACTE IV, SCÈNE VI.

De ne trouver en moi qu'un défaut à reprendre.

LE CHEVALIER.

Ce que je vous en dis n'est que par amitié ;
Et je vous trouve, moi, trop sage de moitié.
On ne m'entend jamais censurer ni médire,
Et je ne dis ici que ce que j'entends dire.

LÉANDRE.

On parle volontiers ; mais un homme d'esprit
Doit donner rarement créance à ce qu'on dit.
De louange et d'encens les hommes sont avares,
Ils font rarement grâce aux vertus les plus rares ;
Au lieu qu'avec plaisir, d'une langue sans frein,
De leurs traits médisants ils chargent le prochain.
Je suis toujours en garde, et n'ai pas voulu croire
Cent bruits semés de vous, fâcheux à votre gloire.

LE CHEVALIER.

Que peut-on, s'il vous plaît, monsieur, dire de moi ?
On n'insultera pas ma naissance, je croi.

LÉANDRE.

Non.

LE CHEVALIER.

Nul dans l'univers ne peut dire, je gage,
Que dans l'occasion je manque de courage.

LÉANDRE.

Non.

LE CHEVALIER.
Peut-on m'accuser d'être fourbe, flatteur,
Fat, insolent, ingrat, suffisant, imposteur?
LÉANDRE.
(*Il prend sa tabatière, la renverse; prend ses gants
pour son mouchoir.*)
Non, vous dis-je, monsieur; et je ne vois personne
Qui de ces vices-là seulement vous soupçonne :
Mais on ne me dit pas de vous autant de bien
Que je souhaiterois. On dit (je n'en crois rien)
Qu'en discours vous prenez un peu trop de licence;
Qu'on ne peut se soustraire à votre médisance;
Que vous parlez toujours avant que de penser;
Que tout votre mérite est de chanter, danser;
Que, pour vous faire croire homme à bonne fortune,
Vous passez en hiver des nuits au clair de lune,
A souffler dans vos doigts, et prendre vos ébats
Sur la porte d'Iris, qui ne vous connoît pas;
Que souvent vous prenez trop de vin de Champagne,
Et qu'il faut que toujours quelqu'un vous accompagne
Pour pouvoir vous montrer votre chemin la nuit,
Et même quelquefois vous reporter au lit.
Enfin, que sais-je, moi? l'on charge ma mémoire
De cent mauvais récits, que je ne veux pas croire :
Et tout homme prudent doit se garder toujours
De donner trop crédit à de mauvais discours.

ACTE IV, SCÈNE VI.

LE CHEVALIER.

Adieu, Carlin, adieu.

CARLIN.

Monsieur de la musique,
Redites-nous encor ce petit air bachique.

SCÈNE VII.

LÉANDRE, CARLIN.

CARLIN.

Vous avez fort bien fait de lui river son clou.
C'est bien à faire à lui de vous appeler fou :
Et vous deviez encor lui mieux laver la tête.

LÉANDRE.

J'ai bien un autre soin qui m'occupe et m'arrête.
Tu t'imagines bien que Clarice en courroux
Se livre tout entière à ses transports jaloux,
Et m'accable des noms d'ingrat et d'infidèle.
D'une autre part aussi que peut dire Isabelle ?

CARLIN.

Vous avez tort. Faut-il qu'à chaque instant du jour
Votre distraction nous fasse quelque tour ?
Vous avez de l'esprit et de la politesse ;
Vous raisonnez parfois comme un sage de Grèce,
Et d'autres fois aussi vos faits et vos raisons

Vous font croire échappé des Petites-Maisons.
LÉANDRE.
Mais sais-tu bien, maraud, qu'avec ta remontrance,
Tu te feras chasser ?
CARLIN.
        Monsieur, en conscience,
Je ne veux point du tout ici vous corriger.
LÉANDRE.
Ma manière est fort bonne, et n'en veux point changer.
Je ne ressemble point aux hommes de notre âge,
Qui masquent en tout temps leur cœur et leur visage.
Mon défaut prétendu, mon peu d'attention
Fait la sincérité de mon intention.
Je ne prépare point avec effronterie
Dans le fond de mon cœur d'indigne menterie :
Je dis ce que je pense, et sans déguisement ;
Je suis sans réfléchir mon premier mouvement ;
Un esprit naturel me conduit et m'anime :
Je suis un peu distrait, mais ce n'est pas un crime.
CARLIN.
Ce n'est pas un grand mal. Pour être bel esprit,
Il faut avec mépris écouter ce qu'on dit,
Rêver dans un fauteuil, répondre en coq-à-l'ânes,
Et voir tous les mortels ainsi que des profanes.
Au suprême degré vous avez ce défaut,
Et bien d'autres encor.

ACTE IV, SCÈNE VII.

LÉANDRE.

(*Pendant ce couplet, il ôte la cravate à son valet par distraction.*)

Te tairas-tu, maraud?...
Un cerveau foible, étroit, qui ne tient qu'une chose,
Peut répondre en tout temps à ce qu'on lui propose ;
Mais celui qui comprend toujours plus d'un objet,
Peut bien être excusé s'il est un peu distrait.

CARLIN *remet sa cravate.*

Je vous excuse aussi. Mais permettez, de grâce,
Que je remette ici chaque chose en sa place ;
Il n'est pas encor temps que je m'aille coucher.

LÉANDRE *déboutonne son valet.*

C'est le moindre défaut qu'on puisse reprocher.
Est-il juste, après tout, que l'on s'assujettisse
A répondre à cent sots selon leur sot caprice ?
Ce qu'on pense vaut mieux cent fois que leurs discours.
J'irois de ma pensée interrompre le cours
Pour un jeune étourdi qui me rompt les oreilles
De ses travaux fameux d'amour et de bouteilles ;
Pour un plaisant, qui vient de son bruit m'enivrer,
Qui croit me faire rire, et qui me fait pleurer ;
Pour un fastidieux, qui n'a pour l'ordinaire
Ni le don de parler, ni l'esprit de se taire !

CARLIN, *remettant son justaucorps.*

Mais voyez, s'il vous plaît, quelle distraction !

LÉANDRE.
Je crains pour mon amour quelque altération.
La belle est en courroux ; toute mon innocence
Ne me rassure pas, et je crains sa présence.
CARLIN.
Je vous dirai, monsieur, pour sortir d'embarras,
Comme ordinairement j'en use en pareil cas.
Il faudroit qu'une lettre, écrite d'un beau style,
Pût vous rendre auprès d'elle un accès plus facile.
Mandez-lui que tantôt ce que vous avez fait
N'est qu'un coup d'étourdi.
LÉANDRE.
　　　　　　　　Je serai satisfait
Si la lettre, Carlin, a l'effet que j'espère.
CARLIN.
Une lettre, monsieur, remet bien une affaire ;
Et trois ou quatre mots en hâte barbouillés
Font souvent embrasser des amants bien brouillés.
LÉANDRE.
En cette occasion, Carlin, je te veux croire.
Va vite me chercher la table et l'écritoire.
CARLIN.
Je vais, je cours, je vole, et je reviens à vous.

SCÈNE VIII.

LÉANDRE, *seul.*

Je veux la rassurer de ses soupçons jaloux,
Dissiper son erreur. Oui, charmante Clarice,
Vous verrez que mon cœur, dépouillé d'artifice,
Ne brûle que pour vous d'un véritable feu;
Et ma main, sur-le-champ, en va signer l'aveu.

SCÈNE IX.

CARLIN, LÉANDRE.

CARLIN, *présentant un livre à son maître.*
Tenez, monsieur, voilà....

LÉANDRE.
　　　　　　Comment! es-tu donc ivre?
Pour écrire un billet tu m'apportes un livre!

CARLIN.
Ah! vous avez raison. On hurle avec les loups;
Et je serai bientôt aussi distrait que vous.
Votre absence d'esprit est une maladie
Qui se gagne aisément.

LÉANDRE.
　　　　　　Eh! tais-toi, je te prie;
Ne me fatigue point de tes mauvais discours.

Les valets sont fâcheux, et font tout à rebours.
CARLIN, *apportant une table et une écritoire.*
Pour écrire, à ce coup, j'apporte toute chose.
LÉANDRE. (*Il s'assied pour écrire.*)
Donne-moi promptement.
CARLIN.
Voyons de votre prose.
Si pour vous d'Apollon les trésors sont ouverts,
Vous pouvez même aussi vous escrimer en vers,
En sonnet, en ballade, en ode, en élégie.
Le sexe aime les vers.
LÉANDRE. (*Il change plusieurs fois de plume, qu'il trempe dans la poudre pour le cornet.*)
Quelque mauvais génie
Des plumes que je prends vient empêcher l'effet.
CARLIN.
Je le crois bien, monsieur; car voilà le cornet,
Et dans le poudrier vous trempiez votre plume.
LÉANDRE.
Tu peux avoir raison; c'est contre ta coutume.
CARLIN, *à part.*
L'écriture est un art bien utile aux amants :
Petits soins, rendez-vous, doux raccommodements,
Promesse d'épouser, plainte, douceur, rupture,
Tout cela se trafique avecque l'écriture.
Si le papier qui sert aux amoureux billets

ACTE IV, SCÈNE IX.

Coûtoit comme celui qu'on emploie au Palais,
Cette ferme en un an produiroit plus de rente
Que le papier timbré ne peut rendre en quarante.

LÉANDRE. (*Il renverse sur sa lettre le cornet pour la poudre.*)

Ma lettre est achevée....

CARLIN.

Ah ! perdez-vous l'esprit ?
Vous versez à grands flots l'encre sur votre écrit.
Quelle est donc, s'il vous plaît, cette façon de peindre ?

LÉANDRE.

De mon esprit trop prompt c'est à moi de me plaindre.

CARLIN, *montrant la lettre.*

Le bel écrit, ma foi, pour un traité de paix !
On croira qu'un démon en a formé les traits ;
Les experts écrivains s'y donneront au diable :
Je tiens dès à présent la lettre indéchiffrable.

LÉANDRE. (*Il se remet à écrire.*)

Il faut recommencer ; le mal n'est pas bien grand.
Je ne plains point, Carlin, la peine que je prend.

CARLIN.

C'est très bien fait. Mais moi, je plains fort Isabelle.

LÉANDRE.

Isabelle ?

CARLIN.

Oui, monsieur.

LÉANDRE, *écrivant.*

Ne me parle point d'elle.

CARLIN.

Soit. Quand d'une cruelle on veut toucher le cœur,
C'est un style éloquent qu'un billet au porteur,
Qui vaut mieux qu'un discours rempli de fariboles.
Si vous vous en serviez....

LÉANDRE.

Fais trève à tes paroles.

CARLIN, *à part.*

Quand une belle voit, comme par supplément,
Quatre doigts de papier plié bien proprement
Hors du corps de la lettre, et qu'avant sa lecture
(Car c'est toujours par là que l'on fait l'ouverture)
On voit du coin de l'œil sur ce petit papier....

(*Léandre écoute Carlin, et par distraction écrit ce qu'il dit.*)

« Monsieur, par la présente, il vous plaira payer
« Deux mille écus comptant, aussitôt lettre vue,
« A damoiselle (en blanc) d'elle valeur reçue. »
Et Dieu sait la valeur ! un discours aussi rond
Fait taire l'éloquence et l'art de Cicéron.

LÉANDRE, *écrivant.*

Cela peut être vrai pour de serviles âmes
Qui trafiquent d'un cœur.

ACTE IV, SCÈNE IX.

CARLIN.

Aujourd'hui bién des femmes
Se mêlent du trafic.

LÉANDRE.

J'ai fini. Je n'ai plus
Qu'à cacheter ma lettre, et mettre le dessus.

CARLIN.

Le ciel en soit loué! me voilà hors de crise.
Je tremblois de vous voir faire quelque méprise.
Vous avez plus d'esprit que je ne l'eusse cru;
Et j'attendois encore un trait de votre crû.

LÉANDRE.

Tu deviens insolent.

CARLIN.

Ce n'est que par tendresse.

LÉANDRE.

Tiens, porte de ce pas la lettre à son adresse.
De ton zèle empressé j'attends tout dans ce jour,
Et me remets sur toi du soin de mon amour.

CARLIN.

Pour vous servir plus vite en cette conjoncture,
Je m'en vais emprunter les ailes de Mercure.

SCÈNE X.

CARLIN, seul.

Allons nous acquitter de notre honnête emploi ;
Remettons deux amants.... Mais qu'est-ce que je voi?
« Pour Isabelle. » Oh, diable! aurois-je la berlue?
Quelque nuage épais m'obscurcit-il la vue ?
Mais non, j'ai, grâce au ciel, encore deux bons yeux.
Monsieur, monsieur.... Il est déjà loin de ces lieux.
Il me semble pourtant que, selon tout indice,
Le billet que je tiens doit aller à Clarice.
Mais le nom d'Isabelle est peint sur ce papier.
Ne me joueroit-il point un tour de son métier ?
Il peut se faire aussi qu'il instruise Isabelle
De l'état de son cœur, et qu'il rompe avec elle,
Lui donne en peu de mots son congé par écrit.
Oui, voilà ce que c'est, et le cœur me le dit.
Ah! qu'un maître est heureux, quand un valet habile
A la conception et légère et facile !
Il peut se fourvoyer sans rien appréhender :
Et de tels serviteurs sont nés pour commander.

FIN DU QUATRIÈME ACTE.

ACTE CINQUIÈME.

SCÈNE I.

ISABELLE, LISETTE, CARLIN.

ISABELLE, *tenant une lettre ouverte.*
Croit-il que de mon cœur je sois embarrassée,
Et que de l'engager on ait eu la pensée ?
   CARLIN, *à Isabelle.*
Je ne dis pas cela.
   LISETTE, *à Carlin.*
     Dans son petit cerveau
Pense-t-il que l'on soit bien tenté de sa peau,
Et de la tienne aussi ?
   CARLIN, *à Lisette.*
      Je ne l'ai pas trop rude.
   ISABELLE.
Pour m'outrager encore il a mis tant d'étude
A m'offrir un billet pour Clarice dicté !
   CARLIN, *à part.*
Le traître a fait le coup, je m'en suis bien douté.

ISABELLE.

Mon parti sur ce point est fort facile à prendre.

CARLIN, *à Isabelle.*

Madame, écoutez-moi.

ISABELLE.

Je ne veux rien entendre.

CARLIN.

Mais, de grâce, un seul mot.

LISETTE.

Sors d'ici, malheureux
Va-t'en porter ailleurs ton cartel amoureux.

CARLIN.

On ne traita jamais un courier de la sorte.

LISETTE.

Détalons.

CARLIN.

Vous saurez....

LISETTE.

Gagneras-tu la porte ?

CARLIN.

Mais tu perds le respect; je suis ambassadeur.

LISETTE.

Sortiras-tu d'ici, postillon de malheur ?

SCÈNE II.

ISABELLE, LISETTE.

LISETTE.

Il est enfin parti, malgré son éloquence.
Mais d'un autre côté le Chevalier s'avance.

SCÈNE III.

LE CHEVALIER, ISABELLE, LISETTE.

LE CHEVALIER, *à Isabelle.*

Eh bien ! la mère encor fait-elle le lutin ?
Pourrons-nous nous soustraire à son brusque chagrin ?

LISETTE.

Vous savez son humeur. Ah, juste ciel ! je tremble ;
Elle peut revenir et nous trouver ensemble.

LE CHEVALIER.

Que ce soin ne vous fasse aucune impression :
Je vous prends en ces lieux sous ma protection.
N'êtes-vous pas ma femme ? et, pour hâter les choses,
J'ai dressé le contrat moi-même avec les clauses,
Dont mon oncle est porteur.

LISETTE.

                Tout est bien avancé,
Puisque déjà par vous le contrat est dressé ;

Et l'aveu de la mère est une bagatelle.
ISABELLE.
Nous aurons de la peine à venir à bout d'elle.
LE CHEVALIER.
Avant d'accorder tout à mon juste transport,
Je veux sur son esprit faire un dernier effort,
Me jeter à ses pieds, lui dire mes alarmes,
Crier, gémir, pleurer; car j'ai le don des larmes.
Lisette m'appuiera. Malgré son noir chagrin,
Nous la flatterons tant, qu'il faudra bien enfin
Qu'elle me cède un bien dont mon amour est digne.
LISETTE.
Bon! bon! plus on la flatte, et plus elle égratigne;
C'est un esprit rétif, et qu'on ne réduit pas.
Mais je vois votre sœur tourner ici ses pas.

SCÈNE IV.

LE CHEVALIER, CLARICE, ISABELLE,
LISETTE.

LE CHEVALIER, *à Clarice.*
Eh bien! ma chère sœur, quel soin ici t'amène?
Et quelle intention est maintenant la tienne?
As-tu pris ton parti?
CLARICE.
J'espère qu'à la fin

ACTE V, SCÈNE IV.

Mon oncle avec Léandre unira mon destin.

ISABELLE, *à Clarice.*

Tant mieux. Mais puisqu'enfin vous épousez Léandre,
L'amitié, la raison, m'obligent à vous rendre
Un billet amoureux qu'il m'écrit. Le voici.

CLARICE.

De Léandre?

ISABELLE.

De lui.

LE CHEVALIER, *à Isabelle.*

Quel rôle fais-je ici?
Un rival odieux auroit pu vous écrire?

ISABELLE, *au Chevalier.*

De ce qui s'est passé je saurai vous instruire :
Suivez-moi seulement, et demeurez en paix.

(*à Clarice.*)

Tenez, voilà la lettre, et le cas que j'en fais.
Adieu.

LE CHEVALIER.

(*à Isabelle.*)

Bonsoir, ma sœur. Il faut aller, madame,
Faire un dernier effort pour couronner ma flamme.

SCÈNE V.

CLARICE, *seule.*

L'ai-je bien entendu ? dois-je en croire mes yeux ?
Mais je puis sur-le-champ m'éclaircir encor mieux.
Lisons : « Pour Isabelle. » O ciel ! je suis trahie.
Je vois, je tiens, je sens toute sa perfidie.
Mais je vois son valet.

SCÈNE VI.

CARLIN, CLARICE.

CLARICE.

     Approche, monstre affreux,
Ministre impertinent d'un maître malheureux.
A qui va cette lettre ? est-ce pour Isabelle ?

CARLIN.

Madame, c'est pour elle, et ce n'est pas pour elle.

CLARICE.

Avec ces vains détours penses-tu me tromper ?
Voyons. Demeure là ; ne crois pas m'échapper.

 (*Elle lit.*)

 « Je suis au désespoir, mademoiselle, que l'aver-
« ture du cabinet vous ait donné quelque soupço
« de ma fidélité. »

ACTE V, SCÈNE VI.

Viens-çà, maraud; réponds, parle.
              (*Elle le prend par la cravate.*)

CARLIN.

                       Miséricorde !
Cette lettre est pour nous la pomme de discorde.
Ouf! hai! je n'en puis plus, vous serrez le sifflet.
Mais, du moins, jusqu'au bout lisez donc le billet.

CLARICE.

Que je lise, maraud! Que veux-tu qu'il m'apprenne ?
De ses déloyautés ne suis-je pas certaine ?

CARLIN.

Si mon maître est ingrat, puis-je mais de cela ?
Mais il vient; vous pouvez l'étrangler : le voilà.

SCÈNE VII.

LÉANDRE, CLARICE, CARLIN.

(*Léandre est plongé dans la rêverie.*)

CLARICE, *à part*.

J'ai peine, en le voyant, à tenir ma colère.

CARLIN, *bas, à Clarice*.

Ne parlons pas trop haut, de peur de le distraire.

CLARICE.

Vous voilà donc, monsieur ! Cherchez-vous en ces lieux
Que ma rivale encor se présente à mes yeux ?

LÉANDRE, *sortant de sa rêverie.*

Ah ! madame.... à propos vous avez lu ma lettre

CLARICE.

Oui, traître ! ma rivale a su me la remettre ;
Je la tiens d'Isabelle ; et le cas qu'elle en fait
Peut me venger assez de ton lâche forfait.

LÉANDRE.

Un autre que Carlin en vos mains l'a remise ?
Le maraud ! je saurai châtier sa méprise ;
Je le rouerai de coups : le coquin tous les jours
Lasse ma patience, et me fait de ces tours.
Je le vois. Viens-çà, traître ; aux dépens de ta vie
Je veux tirer raison de cette perfidie.
Tu mourras de ma main.

CARLIN.

Ah ! monsieur, doucement
Grâce ; je n'ai point fait encor mon testament.
 (*à part.*)
Non, je n'ai jamais vu de pièce d'écriture
Faire tant de procès.

LÉANDRE.

Parle sans imposture ;
Qu'as-tu fait de ma lettre ? et quel affreux démon
Te pousse à me trahir d'une telle façon ?

CARLIN.

Moi, monsieur, vous trahir ! je vous sers avec zèle

Je l'ai mise avec soin dans les mains d'Isabelle.
LÉANDRE, *tirant son épée.*
Et voilà pour ta mort l'arrêt tout prononcé.
CARLIN.
Quelle faute ai-je fait?
LÉANDRE.
Quelle faute, insensé!
CARLIN.
Oui, vous avez raison de vous faire justice.
LÉANDRE.
Ne t'avois-je pas dit de la rendre à Clarice?
CARLIN.
A Clarice, monsieur? je veux être pendu
Si je me ressouviens de l'avoir entendu..
LÉANDRE.
Mais le dessus écrit suffit pour te confondre;
A ce témoin muet que pourras-tu répondre?
(*à Clarice.*)
Pour lui faire sentir son peu de jugement,
De grâce, prêtez-moi cette lettre un moment.
(*Il prend la lettre.*)
CARLIN, *à part.*
Bon! c'est où je l'attends.
LÉANDRE.
Viens, tête sans cervelle;
Lis avec moi, bourreau! lis donc.... « Pour Isabelle. »

CARLIN.

Pouf ! il faut l'avouer, vous avez, à mon gré,
La présence d'esprit au suprême degré.
Lis donc, bourreau ! lis donc.

LÉANDRE.

Ah ! de grâce, madame,
Pardonnez mon erreur en faveur de ma flamme :
Mon cœur n'a point de part au crime de ma main.

CLARICE.

Vous tâchez, inconstant, à me séduire en vain ;
Mais je ne reçois point un grossier artifice.

CARLIN.

Je réponds pour mon maître, il n'a point de malice,
Et, s'il n'étoit point fou, je veux dire distrait,
Ce seroit, je vous jure, un garçon tout parfait.

LÉANDRE.

Mais, si vous avez lu le dedans de ma lettre,
De ces soupçons cruels elle a dû vous remettre.

CLARICE.

Ma curiosité m'en a fait lire assez ;
Je n'en ai que trop lu.

CARLIN.

Mon dieu ! recommencez.
En changeant le dessus, nous changeons bien la thèse
Vous avez le bras bon, soit dit par parenthèse.

ACTE V, SCÈNE VII.

CLARICE, *lisant.*

« Je suis au désespoir que l'aventure du cabinet
« vous ait pu donner quelque soupçon de ma fidélité.
« Votre rivale ne servira qu'à rendre votre triomphe
« plus parfait. Monsieur, par la présente, il vous
« plaira payer à damoiselle (en blanc), d'elle valeur
« reçue; et Dieu sait la valeur ! »

CARLIN.

Fi donc, madame, fi ! vous moquez-vous de moi ?
Cela n'est point écrit.

CLARICE.

Vois donc.

CARLIN, *à Léandre.*

Ah ! par ma foi,
Votre méprise ici me paroît fort étrange.
Quoi ! vos billets d'amour sont des lettres de change ?
Vous aurez bientôt fait votre paix à ce prix.

LÉANDRE.

C'est ce malheureux-là qui, pendant que j'écris,
M'embarrasse l'esprit de ses impertinences.

CARLIN.

J'ai diablement d'esprit ; on écrit mes sentences.

CLARICE, *continuant de lire.*

« Oui, belle Clarice, je n'adore que vous, et fais
« tout mon bonheur de vous aimer le reste de ma
« vie. »

CARLIN, *à Clarice.*

Vous trouvez maintenant les termes plus coulants ;
Et vous ne venez plus pour étrangler les gens.

CLARICE.

Je respire. Ah ! Carlin, c'est une joie extrême
De trouver innocent un coupable qu'on aime ;
Et que, sans nul effort, on fait un prompt retour
Des mouvements jaloux aux transports de l'amour !

LÉANDRE.

A mes distractions faites grâce, madame ;
Nul autre objet que vous ne règne dans mon âme.

CARLIN, *à Clarice.*

C'est une vérité ; le plaisir qu'il reçoit
Fait qu'il ne vous croit pas où souvent il vous voit.
Voici monsieur votre oncle. A vos vœux tout conspire.

SCÈNE VIII.

VALÈRE, LÉANDRE, CLARICE, CARLIN.

VALÈRE, *à Léandre.*

Avec empressement, monsieur, je viens vous dire
Que mon plaisir seroit de pouvoir, en ce jour,
Au gré de vos souhaits contenter votre amour.

LÉANDRE, *à Valère.*

Je crois qu'à mes désirs vous n'êtes point contraire.

ACTE V, SCÈNE VIII.

VALÈRE.

Je donne volontiers les mains à cette affaire.
Mais il faut du dédit encor vous délier,
Et procurer de plus l'hymen du Chevalier.
Nous nous trouvons toujours dans une peine extrême.

CARLIN.

Il me vient dans l'esprit un petit stratagème,
(*à Léandre.*)
La vieille ne songeoit, dans votre engagement,
Qu'au bien qu'on vous devoit laisser par testament ?

LÉANDRE.

Non, sans doute.

CARLIN.

L'on peut dresser quelque machine,
Faire jouer sous main quelque secrète mine....

VALÈRE.

J'ai déjà dans ma poche un contrat.

CARLIN.

Bon ! tant mieux.
La mère ne sait point que je suis en ces lieux,
Elle ne m'a point vu : je puis aisément dire
Ce que pour vous servir mon adresse m'inspire.

VALÈRE.

Mais crois-tu ?...

CARLIN.

Laissez-moi, l'affaire est dans le sac.

8.

VALÈRE.

J'entends venir quelqu'un. C'est madame Grognac.

CARLIN.

Je vais tout préparer pour que la mine joue ;
Et vous, ne manquez pas de pousser à la roue.

SCÈNE IX.

VALÈRE, Mme GROGNAC, ISABELLE, LE CHEVALIER, CLARICE, LÉANDRE.

LE CHEVALIER, *à madame Grognac.*

Le dessein en est pris ; je ne vous quitte point
Que je ne sois enfin satisfait sur ce point.
Je prétends, malgré vous, devenir votre gendre :
Vous ne sauriez mieux faire ; et, pour vous en défend
Vous avez beau pester, crier, tempêter....

Mme GROGNAC, *au Chevalier.*

Ouais !
Je vous trouve plaisant ! Au gré de mes souhaits
Je ne pourrai donc pas disposer de ma fille ?
Monsieur, je ne veux point de fou dans ma famille.

LE CHEVALIER.

Là, là..... doucement.

Mme GROGNAC.

Paix.

ACTE V, SCÈNE IX.

ISABELLE.

Ma mère....

Mme GROGNAC.

Taisez-vous.

LE CHEVALIER.

Un peu de naturel.

Mme GROGNAC.

Non.

VALÈRE, *à madame Grognac.*

Calmez ce courroux.

Mme GROGNAC, *à Valère.*

Vous, calmez, s'il vous plaît, votre langue indiscrète,
Ennuyeux harangueur. C'est une affaire faite,
Monsieur sera mon gendre ; et, pour me délivrer
Des importunités qui pourroient trop durer,
J'ai mandé tout exprès en ces lieux un notaire.

LE CHEVALIER.

Moi, je m'inscris en faux contre ce qu'il peut faire.

Mme GROGNAC.

(*à Léandre.*)

Mais où sommes-nous donc ? Vous, monsieur le distrait,
Vous êtes là debout planté comme un piquet.

VALÈRE.

Il ne répond point trop aux offres que vous faites.

Mme GROGNAC, *à Valère.*

Monsieur, guérissez-vous des soucis où vous êtes
Quand il ne voudroit point encor se marier,
Je n'aurai point recours à votre Chevalier,
Un fat dont la conduite est tout impertinente....

VALÈRE, *à part.*

Et qui lui fait danser quelquefois la courante.

Mme GROGNAC.

Un petit libertin qui doit de tous côtés,
Un étourdi fieffé.

LE CHEVALIER, *à madame Grognac.*

Passons les qualités ;
Cela ne rendra pas le contrat moins valide.

SCÈNE X.

VALÈRE, Mme GROGNAC, CLARICE
ISABELLE, LE CHEVALIER, LÉANDRE
LISETTE ; CARLIN, *en courrier.*

LISETTE.

Place, place au courrier qui vient à toute bride.

CARLIN, *à Léandre.*

Ah ! monsieur, vous voilà. Quelle fatalité !
Votre oncle ici m'envoie.... Ouf, je suis éreinté...
Pour vous dire.... Attendez....

ACTE V, SCÈNE X.

CLARICE, *à Carlin.*

Tu nous fais bien attendre.

LÉANDRE, *à Carlin.*

N'as-tu point de sa part quelque lettre à me rendre?

CARLIN.

Non; depuis qu'il est mort le défunt n'écrit plus.

LE CHEVALIER, *riant.*

C'est Carlin.

CARLIN, *au Chevalier.*

Ah! monsieur, vos ris sont superflus.
De vos pleurs bien plutôt lâchez ici la bonde,
En apprenant le coup le plus fatal du monde,
Et qui fera trembler les pâles héritiers
Jusque dans l'avenir de vos neveux derniers.

CLARICE, *à Carlin.*

Dis-nous donc, si tu veux, cette action si noire.

CARLIN.

La volonté de l'homme est bien ambulatoire!
 (*à Léandre.*)
A grand'peine au bon homme aviez-vous dit adieu,
Qu'il a fait appeler le notaire du lieu;
Et, n'écoutant alors qu'un aveugle caprice,
Bien informé d'ailleurs que vous aimiez Clarice,
Et que vous deveniez réfractaire à ses lois,
Refusant d'épouser celle dont il fit choix;

Sans avoir, en mourant, égard à ma prière,
Il a testamenté tout d'une autre manière;
Et l'avare défunt, descendant au cercueil,
Ne vous a pas laissé de quoi porter le deuil.

Mme GROGNAC.

Ah, juste ciel! qu'entends-je?

CARLIN.

O cruelle disgrâce!
Nous voilà pour jamais réduits à la besace.

Mme GROGNAC.

Le défunt a bien fait, et je l'en applaudis;
Il devoit, à mon sens, encore faire pis.

CARLIN.

Hélas! qu'auroit-il fait?

Mme GROGNAC, *à Carlin.*

Ta plainte m'importune.

(*à Léandre.*)
Vous, monsieur, vous pouvez chercher ailleurs fortune:
Votre hymen à présent ne me convient en rien:
Pour épouser ma fille il faut avoir du bien.

VALÈRE, *à madame Grognac.*

Mon neveu ne craint point la disgrâce cruelle
D'un pareil testament. S'il épouse Isabelle,
Je lui donne à présent mon bien après ma mort.
En faveur de l'amour faites-vous cet effort.

ACTE V, SCÈNE X.

Mme GROGNAC.

Il est bien étourdi.

LE CHEVALIER.

Dans peu je me propose
De l'être encore plus : si je vaux quelque chose,
C'est par là que je vaux, et par ma belle humeur.

Mme GROGNAC, *au Chevalier.*

Euh! j'ai cette courante encore sur le cœur.

VALÈRE, *à madame Grognac, lui présentant un contrat tout dressé.*

Signez donc ce papier.... Une plume, Lisette.

LISETTE, *donnant une plume.*

Voilà tout ce qu'il faut.

Mme GROGNAC, *signant.*

C'est une affaire faite :
Je signerai, pourvu que vous me promettiez
Qu'il deviendra plus sage, et que vous le signiez.

VALÈRE.

(*à Léandre.*)

D'accord. Vous, pour le prix d'une juste tendresse,
Soyez heureux, monsieur ; je vous donne ma nièce.

Mme GROGNAC, *à Valère.*

Comment donc! rêvez-vous, monsieur? Êtes-vous fou,
De donner votre nièce à qui n'a pas un sou?

VALÈRE, *à madame Grognac.*

Il ne faut pas ici plus long-temps vous séduire;
Et vous me permettrez maintenant de vous dire
Que ce faux testament, madame, n'est qu'un jeu
Inventé par Carlin pour tirer votre aveu.

Mme GROGNAC, *à Carlin.*

Parle.

CARLIN, *à part.*

Le dénoûment est bien prêt à se faire.

Mme GROGNAC, *à Carlin.*

Ne nous as-tu pas dit que l'oncle, en sa colère,
A d'autres qu'à Léandre avoit laissé son bien?

CARLIN.

Ma foi, je le croyois. Mais, puisqu'il n'en est rien,
Le ciel en soit loué!

Mme GROGNAC.

Je suis assassinée.

LISETTE, *à madame Grognac.*

Il ne faut point ici faire tant l'étonnée :
C'est vous qui nous montrez à choisir un mari.
Quand votre époux, jadis grand-gruyer de Berry,
Voulut vous enlever, vous le laissâtes faire :
Votre fille est encor plus sage que sa mère.

Mme GROGNAC, *à Isabelle.*

Coquine!

ACTE V, SCÈNE X.

ISABELLE, *à madame Grognac.*
Écoutez-moi.

Mme GROGNAC, *à Isabelle.*
Taisez-vous, s'il vous plaît.

LE CHEVALIER, *à madame Grognac.*
J'ai, si vous la grondez, un menuet tout prêt.

CARLIN, *à madame Grognac.*
Vous paierez le dédit, parbleu.

VALÈRE, *à madame Grognac.*
De bonne grâce,
Puisque tout est signé, que la chose se fasse.
Pour apporter la paix et calmer votre esprit,
Je m'oblige pour vous à payer le dédit ;
Et je donne de plus cette somme à ma nièce.

Mme GROGNAC.
Je suis au désespoir. C'est à moi qu'on s'adresse
(*à Valère.*)
Pour faire de ces tours ! Vous saurez, en un mot,
Que je ne donnerai pas cela pour sa dot.
Fasse qui le voudra les frais du mariage ;
Vous l'avez commencé, finissez votre ouvrage :
Et je prétends de plus qu'en formant ces liens
On les sépare encore et de corps et de biens.
(*Elle sort.*)

SCÈNE XI.

VALÈRE, LE CHEVALIER, LÉANDRE
CLARICE, ISABELLE, LISETTE
CARLIN.

VALÈRE.

Rentrons, et sur-le-champ terminons cette affaire.
LE CHEVALIER, *à Clarice et à Isabelle.*
Allons, embrassez-vous, vous ne sauriez mieux fai[re]
Vous serez belles-sœurs. Mais, surtout, gardez-vo[us]
De prendre à l'avenir le même rendez-vous.

ISABELLE.

Lorsque j'en donnerai je serai plus secrète.

CLARICE.

Une autre fois aussi je serai plus discrète.

SCÈNE XII.

LÉANDRE, CARLIN.

LÉANDRE.

Toi, Carlin, à l'instant prépare ce qu'il faut
Pour aller voir mon oncle, et partir au plus tôt.

CARLIN.

Laissez votre oncle en paix. Quel diantre de langa[ge]
Vous devez cette nuit faire un autre voyage:

Vous n'y songez donc plus ? vous êtes marié.
LÉANDRE.
Tu m'en fais souvenir, je l'avois oublié.

SCÈNE XIII.

CARLIN, *seul*.

Ah, ciel ! un jour de noce oublier une femme !
Cette erreur me paroît un peu digne de blâme :
Pour le lendemain, passe ; et j'en vois aujourd'hui
Qui voudroient bien pouvoir l'oublier comme lui.

FIN DU DISTRAIT.

LES MENECHMES,

COMÉDIE

EN CINQ ACTES, ET EN VERS.

PERSONNAGES.

MENECHME, } Frères
LE CHEVALIER MENECHME, } jumeaux.
DÉMOPHON, père d'Isabelle.
ISABELLE, amante du Chevalier.
ARAMINTE, vieille tante d'Isabelle, amoureuse d
 Chevalier.
FINETTE, suivante d'Araminte.
VALENTIN, valet du Chevalier.
ROBERTIN, notaire.
UN MARQUIS gascon.
M. COQUELET, marchand.

La scène est à Paris, dans une place publique.

LES MENECHMES,

COMÉDIE.

ACTE PREMIER.

SCÈNE I.

LE CHEVALIER MENECHME, *seul.*

Je suis tout hors de moi. Maudit soit le valet !
Pour me faire enrager il semble qu'il soit fait :
Je ne puis plus long-temps souffrir sa négligence,
Tous les jours le coquin lasse ma patience ;
Il sait que je l'attends.

SCÈNE II.

VALENTIN, LE CHEVALIER.

LE CHEVALIER.

Mais enfin je le voi.
D'où viens-tu donc, maraud ? dis ; parle ; réponds-moi.

VALENTIN, *mettant à terre une valise qu'il portoit, et s'asseyant dessus.*

Quant à présent, monsieur, je ne vous puis rien dire ;
Un moment, s'il vous plaît, souffrez que je respire :
Je suis tout essoufflé.

LE CHEVALIER.

Veux-tu donc tous les jours
Me mettre au désespoir, et me jouer des tours ?
Je ne sais qui me tient que de vingt coups de canne....
Quoi ! maraud ! pour aller jusques à la douane
Retirer ma valise, il te faut tant de temps ?

VALENTIN.

Ah ! monsieur, ces commis sont de terribles gens !
Les Juifs, tout Juifs qu'ils sont, sont moins durs, moi
Ils ne répondent point que par mouosyllabes. [arabe
Oui ; Non ; Paix ; Quoi ? Monsieur.... Je n'ai pas le loisir;
Mais, monsieur.... Revenez : Faites-moi le plaisir....
Vous me rompez la tête ; allez. Enfin les traîtres,
Quand on a besoin d'eux, sont plus fiers que leurs maîtres

LE CHEVALIER.

Quoi ! tu serois resté jusqu'à l'heure qu'il est
Toujours à la douane ?

VALENTIN.

Oh ! non pas, s'il vous plaît.
Voyant que le commis qui gardoit ma valise
Usoit depuis une heure avec moi de remise,

ACTE I, SCENE II.

Las d'avoir pour objet un visage ennuyeux,
J'ai cru qu'au cabaret j'attendrois beaucoup mieux.

LE CHEVALIER.

Faudra-t-il que le vin te commande sans cesse?

VALENTIN.

Vous savez que chacun, monsieur, a sa foiblesse;
Mais le mauvais exemple, encor plus que le vin,
Me retient, malgré moi, dans le mauvais chemin.
Je me sens de bien vivre une assez bonne envie.

LE CHEVALIER.

Mais pourquoi hantes-tu mauvaise compagnie?

VALENTIN.

Je fais de vains efforts, monsieur, pour l'éviter;
Mais je vous aime trop, je ne puis vous quitter.

LE CHEVALIER.

Que dis-tu donc, maraud?

VALENTIN.

Monsieur, un long usage
De parler librement me donne l'avantage.
En pareil cas que moi vous vous êtes trouvé;
Assez souvent, d'un vin bien pris et mal cuvé,
Je vous ai vu le chef plus lourd qu'à l'ordinaire;
J'ai même quelquefois prêté mon ministère
Pour vous donner la main et vous conduire au lit:
De ces petits excès je ne vous ai rien dit;
Nous devons nous prêter aux foiblesses des autres,

Leur passer leurs défauts, comme ils passent les nôtres.

LE CHEVALIER.

Je te pardonnerois d'aimer un peu le vin,
Si je te connoissois à ce seul vice enclin;
Mais ton maudit penchant à mille autres te porte;
Tu ressens pour le jeu la pente la plus forte....

VALENTIN.

Ah! si je joue un peu, c'est pour passer le temps.
Quand vous passez les nuits dans certains noirs brelans,
Je vous entends jurer au travers de la porte :
Je jure comme vous, quand le jeu me transporte;
Et, ce qui peut tous deux nous différencier,
Vous jurez dans la chambre, et moi sur l'escalier.
Je vous imite en tout. Vous, d'une ardeur extrême,
Buvez, jouez, aimez; je bois, je joue, et j'aime :
Et si je suis coquet, c'est vous qui le premier,
Consommé dans cet art, m'apprîtes le métier;
Vous allez chaque jour, d'une ardeur vagabonde,
Faisant rafle partout, de la brune à la blonde.
Isabelle à présent vous retient sous sa loi;
Vous l'aimez, dites-vous : je ne sais pas pourquoi....

LE CHEVALIER.

Tu ne sais pas pourquoi! Se peut-il qu'à ses charmes,
A ses yeux tout divins on ne rende les armes?
Je la vis chez sa tante, où je fus enchanté;
Le trait qui me perça, mon cœur l'a rapporté.

ACTE I, SCÈNE II.

VALENTIN.

Autrefois cependant pour sa tante Araminte,
Toute folle qu'elle est, vous aviez l'âme atteinte.
J'approuvois fort ce choix : outre que ses ducats
Nous ont plus d'une fois tiré de mauvais pas,
J'y trouvois mon profit ; vous cajoliez la tante,
Et moi je pourchassois Finette la suivante :
Ainsi vous voyez bien....

LE CHEVALIER.

Oui ; je vois, en un mot,
Que tu fais le docteur, et que tu n'es qu'un sot.
Pour t'empêcher de dire encor quelque sottise,
Finissons, et chez moi va porter ma valise.

VALENTIN, *redressant la valise pour la mettre sur son épaule.*

J'obéis : cependant, si je voulois parler,
Sur un si beau sujet je pourrois m'étaler.

LE CHEVALIER.

Hé ! tais-toi.

VALENTIN.

Quand je veux, je parle mieux qu'un autre.

LE CHEVALIER.

Quelle est cette valise ?

VALENTIN.

Hé parbleu, c'est la vôtre.

LE CHEVALIER.
De la mienne elle n'a ni l'air ni la façon.
VALENTIN.
J'ai long-temps, comme vous, été dans le soupçon;
Mais de votre cachet la figure et l'empreinte,
Et l'adresse bien mise, ont dissipé ma crainte;
Lisez plutôt ces mots distinctement écrits :
C'est « A monsieur Menechme, à présent à Paris. »
LE CHEVALIER.
Il est vrai; mais enfin, quoi que tu puisses dire,
Je ne reconnois point cette façon d'écrire;
Enfin ce n'est point là ma valise.
VALENTIN.
D'accord;
Cependant à la vôtre elle ressemble fort.
LE CHEVALIER.
Tu m'auras fait ici quelque coup de ta tête.
VALENTIN.
Mais vous me prenez donc, monsieur, pour une bête.
En revenant de Flandre, où par trop brusquement
Vous avez pris congé de votre régiment;
Et passant à Péronne, où fut le dernier gîte,
Nous y prîmes la poste; et, pour aller plus vite,
Vous me fîtes porter au coche, qui partoit,
Votre malle assez lourde, et qui nous arrêtoit :
J'obéis à votre ordre avec zèle et vitesse;

ACTE I, SCÈNE II.

Je fis par le commis mettre dessus l'adresse.
Ainsi je n'ai rien fait que bien dans tout ceci.

LE CHEVALIER.

C'est de quoi dans l'instant je veux être éclairci.
Ouvre vite, et voyons quel est tout ce mystère.

VALENTIN, *tirant un paquet de clefs*.

Dans un moment, monsieur, je vais vous satisfaire.
Ouais! la clef n'entre point.

LE CHEVALIER.

     Romps chaîne et cadenas.

VALENTIN.

Puisque vous le voulez, je n'y résiste pas.
Or sus, instrumentons.

LE CHEVALIER.

    Qu'as-tu? Tu me regardes!

VALENTIN.

Je ne vois là-dedans pas une de vos hardes.

LE CHEVALIER.

Comment donc, malheureux!

VALENTIN.

     Monsieur, point de courroux :
Au troc que nous faisons peut-être gagnons-nous ;
Et je ne crois pas, moi, que dans votre valise
Nous eussions pour vingt francs de bonne marchandise.

LE CHEVALIER.

Et ces lettres, maraud, qui faisoient mon bonheur,

Où l'aimable Isabelle exprimoit son ardeur,
Qui me les rendra ? dis.
　　VALENTIN, *tirant un paquet de lettres de
　　　　　la valise.*
　　　　　　Tenez, en voilà d'autres
Qui vous consoleront d'avoir perdu les vôtres.
　　LE CHEVALIER, *prenant les lettres.*
Sais-tu que les railleurs et les mauvais plaisants
D'ordinaire avec moi passent fort mal leur temps ?
　　　　　VALENTIN.
Mon dessein n'étoit pas de vous mettre en colère.
　　(*Le Chevalier lit les lettres.*)
Mais sans perdre de temps faisons notre inventaire.
　　(*Il examine les hardes de la valise, et tire un
　　　　　sac de procès.*)
Ce meuble de chicane appartient sûrement
A quelque homme du Maine, ou quelque Bas-Normand.
　　(*Il tire un habit de campagne.*)
L'habit est vraiment leste, et des plus à la mode ;
Pour un surtout de chasse il me sera commode.
　　　　　LE CHEVALIER.
Oh ciel !
　　　　　VALENTIN.
　　Quel est l'excès de cet étonnement ?
　　　　　LE CHEVALIER.
L'aventure ne peut se comprendre aisément.

ACTE I, SCÈNE II.

VALENTIN.

Qu'avez-vous donc, monsieur? est-ce quelque vertige
Qui vous monte à la tête?

LE CHEVALIER.

Elle tient du prodige :
Tu ne la croiras pas quand je te la dirai.

VALENTIN.

Si vous ne mentez pas, monsieur, je vous croirai.

LE CHEVALIER.

Je suis né, tu le sais, assez près de Péronne,
D'un sang dont la valeur ne le cède à personne.
Tu sais qu'ayant perdu père, mère et parents,
Et demeurant sans bien dès mes plus tendres ans,
Las de passer mes jours dans le fond d'une terre,
Je suivis à quinze ans le métier de la guerre.
Un frère seul resta de toute la maison,
Avec un oncle avare, et riche, disoit-on.
En différents pays j'ai brusqué la fortune,
Sans que l'on ait de moi reçu nouvelle aucune;
Et je sais, par des gens qui m'en ont fait rapport,
Que depuis très long-temps mon frère me croit mort.

VALENTIN.

Je le sais ; et de plus, je sais que votre mère
Mourut en accouchant de vous et de ce frère ;
Que vous êtes jumeaux, et que votre portrait
En toute sa personne est rendu trait pour trait;

Que vos airs dans les siens sont si reconnoissables,
Que deux gouttes de lait ne sont pas plus semblables.

LE CHEVALIER.

Nous nous ressemblions, mais si parfaitement,
Que les yeux les plus fins s'y trompoient aisément ;
Et notre père même, en commençant à croître,
Nous attachoit un signe afin de nous connoître.

VALENTIN.

Vous m'avez dit cela déjà plus d'une fois ;
Mais que fait cette histoire au trouble où je vous vois ?

LE CHEVALIER.

Ce n'est pas sans raison que j'ai l'âme surprise,
Valentin. A ce frère appartient la valise ;
Et j'apprends, en lisant la lettre que je tiens,
Que notre oncle est défunt, et qu'il laisse ses biens
A ce frère jumeau, qui doit ici se rendre.

VALENTIN.

La nouvelle en effet a de quoi vous surprendre.

LE CHEVALIER.

Écoute, je te prie, avec attention.
Ceci mérite bien quelque réflexion.

(*Il lit.*)

« Je vous attends, monsieur, pour vous remettre
« comptant les soixante mille écus que votre oncle
« vous a laissés par testament, et pour épouser ma-
« demoiselle Isabelle, dont je vous ai plusieurs fois

ACTE I, SCÈNE II.

« parlé dans mes lettres : le parti vous convient fort,
« et son père Démophon souhaite cette affaire avec
« passion. Ne manquez donc point de vous rendre au
« plus tôt à Paris, et faites-moi la grâce de me croire
« votre très humble et très obéissant serviteur.

« ROBERTIN. »

Robertin, c'est le nom d'un honnête notaire
Qui travailloit pour nous du vivant de mon père.
La date, le dessus, et le nom bien écrit,
Dans mes préventions confirment mon esprit.
Mon frère, pour venir au gré de cette lettre,
Comme moi, sa valise au coche aura fait mettre,
Et dans le même temps : ce rapport de grandeur,
De cachet et de nom a causé ton erreur :
Et je conclus enfin, sans être fort habile,
Que mon frère est déjà peut-être en cette ville.

VALENTIN.

Cela pourroit bien être, et je suis stupéfait
Des effets surprenants que le hasard a fait.
Il faut que justement je fasse une méprise,
Et que notre bonheur vienne de ma sottise.
Nous trouvons en un jour un vieil oncle enterré,
Qui laisse de grands biens dont il vous a frustré ;
Un frère qui reçoit tous ces biens qu'on lui laisse,
Et qui vient enlever encor votre maîtresse :
Voilà tout à la fois cinq ou six incidents

Capables d'étourdir les plus habiles gens.
LE CHEVALIER.
Nous ferons tête à tout, et de cette aventure
Je conçois dans mon cœur un favorable augure.
VALENTIN.
Soixante mille écus nous feroient grand besoin.
LE CHEVALIER.
Il faut pour les avoir employer notre soin :
Ils sont à moi du moins tout autant qu'à mon frère,
Mais il faut déterrer le frère et le notaire.
Va, cours, informe-toi, ne perds pas un moment.
VALENTIN.
Vous connoissez mon zèle et mon empressement ;
Et, s'il est à Paris, j'ai des amis fidèles
Qui dans une heure au plus m'en diront des nouvelles.
LE CHEVALIER.
Je vais chez Araminte ; elle sait mon retour :
Il faudra feindre encor que je brûle d'amour.
Elle n'a nul soupçon de ma nouvelle flamme.
Tu sais le caractère et l'esprit de la dame ;
Elle est vieille, et jalouse à désoler les gens ;
Ses airs et ses discours sont tous impertinents ;
Enfin c'est une folle, et qui veut qu'on la flatte :
Quoiqu'un rayon d'espoir pour mon amour éclate,
Incertain du succès, je la veux ménager.

ACTE I, SCÈNE II.

Retourne à la douane, au coche, au messager.
Mais Araminte sort. Va vite où je t'envoie.
(*Valentin emporte la malle, et sort.*)

SCÈNE III.

ARAMINTE, FINETTE; LE CHEVALIER, *à part*.

ARAMINTE.

Nous reverrons Menechme aujourd'hui. Quelle joie !
Je ne puis demeurer en place ni chez moi.
Pareil empressement doit l'agiter, je croi.
Comment me trouves-tu ? dis, Finette.

FINETTE.

Charmante :
Votre beauté surprend, ravit, enlève, enchante ;
Il semble que l'amour, dans ce jour si charmant,
Ait pris soin par mes mains de votre ajustement.

ARAMINTE.

Cette fille toujours eut le goût admirable.
(*apercevant le Chevalier qui s'approche.*)
Ah ! monsieur, vous voilà ! Quel destin favorable
Plus que je n'espérois presse votre retour ?
Et quel dieu près de moi vous ramène ?

LE CHEVALIER.

L'Amour.

ARAMINTE.
L'Amour! Le pauvre enfant!
LE CHEVALIER.
Votre aimable présence
Me dédommage bien des chagrins de l'absence.
Non, je ne vois que vous qui, sans art, sans secours,
Puissiez paroître ainsi plus jeune tous les jours.
ARAMINTE.
Fi donc, badin! L'amour quelquefois, quoiqu'absente,
A votre souvenir me rendoit-il présente ?
Votre portrait charmant, et qui fait tout mon bien,
Que je reçus de vous quand vous prîtes le mien,
Me consoloit un peu d'une absence effroyable ;
Le mien a-t-il sur vous fait un effet semblable ?
LE CHEVALIER.
Votre image m'occupe et me suit en tous lieux :
La nuit même ne peut vous cacher à mes yeux ;
Et cette nuit encor (je rappelle mon songe :
O douce illusion d'un aimable mensonge !)
Je me suis figuré, dans mon premier sommeil,
Être dans un jardin, au lever du soleil,
Que l'Aurore vermeille avec ses doigts de roses
Avoit semé de fleurs nouvellement écloses ;
Là, sur les bords charmants d'un superbe canal,
Qui reçoit dans son sein un torrent de cristal,
Où cent flots écumants et tombant en cascades,

ACTE I, SCÈNE III.

Semblent être poussés par autant de naïades ;
Là, dis-je, reposant sur un lit de roseaux,
Je vous vois sur un char sortir du fond des eaux :
Vous aviez de Vénus et l'habit et la mine ;
Cent mille Amours poussoient une conque marine,
Et les zéphyrs badins, volant de toutes parts,
Faisoient au gré des airs flotter des étendards.

FINETTE.

Ah ciel ! le joli rêve !

ARAMINTE.

    Achevez, je vous prie.

LE CHEVALIER.

Mon âme, à cet aspect d'étonnement saisie.....

ARAMINTE.

Et j'étois la Vénus flottant sur ce canal ?

LE CHEVALIER.

Oui, madame, vous-même en propre original.
L'esprit donc enchanté d'un si noble spectacle,
Je me suis avancé près de vous sans obstacle.

ARAMINTE.

De grâce, dites-moi, parlant sincèrement,
Sous l'habit de Vénus avois-je l'air charmant,
Le port noble et divin ?

LE CHEVALIER.

    Le plus divin du monde.

Vous sentiez la déesse une lieue à la ronde.
M'étant donc avancé pour vous donner la main,
Le jardin à mes yeux a disparu soudain ;
Et je me suis trouvé dans une grotte obscure,
Que l'art embellissoit ainsi que la nature.
Là, dans un plein repos, et couronné de fleurs,
Je vous persuadois de mes vives douleurs :
Vous vous laissiez toucher d'une bonté nouvelle,
Et preniez de Vénus la douceur naturelle,
Lorsque, par un malheur qui n'a point de pareil,
Mon valet en entrant a causé mon réveil.

ARAMINTE.

Je suis au désespoir de cette circonstance :
Et voilà des valets l'ordinaire imprudence !
Toujours mal à propos ils viennent nous trouver.

LE CHEVALIER.

Mon songe n'est pas fait, et je veux l'achever.

ARAMINTE.

D'accord : mais je voudrois que, pour vous satisfaire,
Votre bonheur toujours ne fût pas en chimère,
Et qu'un heureux hymen entre nous concerté
Pût donner à vos feux plus de réalité.
Mais j'en crains le retour ; dans le siècle où nous sommes,
Le dégoût dans l'hymen est naturel aux hommes :
Et la possession souvent du premier jour
Leur ôte tout le sel et le goût de l'amour.

ACTE I, SCÈNE III.

LE CHEVALIER.

Ah! madame, pour vous mon amour est extrême:
Je sens qu'il doit aller par-delà la mort même;
Et si, par un malheur que je n'ose prévoir,
Votre mort.... Ah, grands dieux! quel affreux désespoir!
Mon âme, en y pensant, de douleur possédée....

ARAMINTE.

Rejetons loin de nous cette funeste idée;
Et, pour mieux célébrer le plaisir du retour,
Je veux que nous dînions ensemble dans ce jour.
J'ai fait dès ce matin inviter une amie,
Et vous augmenterez la bonne compagnie.

LE CHEVALIER.

Madame, cet honneur m'est bien avantageux.
Une affaire à présent m'arrache de ces lieux:
Pour revenir plus tôt je pars en diligence.

ARAMINTE.

Allez. Je vous attends avec impatience.

LE CHEVALIER.

Ici dans un moment je reviens sur mes pas.

SCÈNE IV.

ARAMINTE, FINETTE.

ARAMINTE.

L'amour qu'il a pour moi ne s'imagine pas:

Mais, en revanche aussi, je l'aime à la folie.
Comment le trouves-tu ?

FINETTE.

Sa figure est jolie.
Son valet Valentin n'est pas mal fait aussi :
Nous nous aimons un peu.

SCÈNE V.

DÉMOPHON, ARAMINTE, FINETTE.

FINETTE.

Mais quelqu'un vient ici ;
C'est Démophon.

DÉMOPHON.

Bonjour, ma sœur.

ARAMINTE.

Bonjour, mon frère.

DÉMOPHON.

Bonjour. J'allois chez vous pour vous parler d'affaire.

ARAMINTE.

Ici comme chez moi vous pouvez m'ennuyer.

DÉMOPHON.

Votre nièce Isabelle est d'âge à marier ;
Et monsieur Robertin, dont je connois le zèle,
A su me ménager un bon parti pour elle ;

ACTE I, SCÈNE V.

Un jeune homme doué d'esprit et de vertus,
Possédant, qui plus est, soixante mille écus
D'un oncle qui l'a fait unique légataire,
Dont ledit Robertin est le dépositaire :
Et j'apprends, par les mots du billet que voici,
Que cet homme en ce jour doit arriver ici.

ARAMINTE.

J'en suis vraiment fort aise.

DÉMOPHON.

      Or donc, ce mariage
Étant pour la famille un fort grand avantage,
Et vous voyant déjà, ma sœur, sur le retour,
N'ayant, comme je crois, nul penchant pour l'amour,
Je me suis bien promis qu'en faveur de l'affaire
Vous feriez de vos biens donation entière,
Vous gardant l'usufruit jusques à votre mort.

ARAMINTE.

Jusqu'à ma mort! Vraiment, ce projet me plaît fort!
Vous vous êtes promis, il faut vous dépromettre.
L'âge, comme je crois, peut encor me permettre
D'aspirer à l'hymen et d'avoir des enfants.

DÉMOPHON.

Vous moquez-vous, ma sœur? vous avez cinquante ans.

ARAMINTE.

Moi! j'ai cinquante ans! moi! Finette?

FINETTE.

                        Quels reproches !
Hélas ! on n'est jamais trahi que par ses proches !
A cause que madame a vécu quelque temps,
On ne la croit plus jeune ! Il est de sottes gens !

DÉMOPHON.

Ma sœur, dans mon calcul je crois vous faire grâce ;
Et je raisonne ainsi : J'en ai cinquante et passe :
Vous êtes mon aînée ; *ergo*, dans un seul mot,
Vous voyez si j'ai tort.

ARAMINTE.

                    Votre *ergo* n'est qu'un sot ;
Et je sais fort bien, moi, que cela ne peut être.
Ma jeunesse à mon teint se fait assez connoître.
Ce que je puis vous dire en termes clairs et nets,
C'est qu'il faut de mon bien vous passer pour jamais ;
Que je me porte mieux que tous tant que vous êtes ;
Que, malgré les complots qu'en votre âme vous faites,
Je prétends enterrer, avec l'aide de Dieu,
Les enfants que j'aurai, vous et ma nièce. Adieu.
C'est moi qui vous le dis ; m'entendez-vous, mon frère ?
Allons, Finette, allons.

                              (*Elle sort.*)

SCÈNE VI.

FINETTE, DÉMOPHON.

DÉMOPHON.

Le joli caractère !

FINETTE.

Monsieur, une autre fois, ou bien ne parlez pas,
Ou prenez, s'il vous plaît, de meilleurs almanachs.
Ma maîtresse est encor, malgré vous, jeune et belle ;
Et tous les connoisseurs vous la soutiendront telle.

SCÈNE VII.

DÉMOPHON, *seul*.

Je jugeois à peu près quels seroient ses discours ;
Et j'ai fort prudemment cherché d'autres secours.
Allons voir le notaire ; et prenons des mesures
Pour rendre, s'il se peut, les affaires bien sûres.
Si l'homme en question est tel qu'on me l'a dit,
Terminons au plus tôt l'hymen dont il s'agit.

FIN DU PREMIER ACTE.

ACTE SECOND.

SCÈNE I.

LE CHEVALIER, VALENTIN.

VALENTIN.

Votre frère est trouvé, mais ce n'est pas sans peine;
Vous m'en voyez, monsieur, encor tout hors d'haleine.
J'avois couru Paris de l'un à l'autre bout,
Au coche, au messager, à la poste, et partout;
Et je vous avertis que je n'ai passé rue
Où quelque créancier ne m'ait choqué la vue :
J'ai même rencontré ce Gascon, ce marquis,
A qui depuis un an nous devons cent louis....

LE CHEVALIER.

J'ai honte de devoir si long-temps cette somme:
Il me l'a, tu le sais, prêtée en galant homme;
Et du premier argent que je pourrai toucher
De m'acquitter vers lui rien ne peut m'empêcher.

VALENTIN.

Tant mieux. Ne sachant plus enfin quel parti prendre,

A la douane encor j'ai bien voulu me rendre;
Là, j'ai vu votre frère au milieu des commis,
Qui s'emportoit contre eux du quiproquo commis.
Je l'ai connu de loin; et cette ressemblance,
Dont vous m'avez parlé, passe toute croyance;
Le visage et les traits, l'air et le ton de voix,
Ce n'est qu'un; je m'y suis trompé plus d'une fois.
Son esprit, il est vrai, n'est pas semblable au vôtre;
Il est brusque, impoli; son humeur est tout autre;
On voit bien qu'il n'a pas goûté l'air de Paris;
Et c'est un franc Picard qui tient de son pays.

LE CHEVALIER.

On doit peu s'étonner de cet air de rudesse
Dans un provincial nourri sans politesse;
Et ce n'est qu'à Paris que l'on perd aujourd'hui
Cet air sauvage et dur qui règne encor en lui.

VALENTIN.

De loin, comme j'ai dit, j'observois sa querelle;
Et quand il est sorti, j'ai fait briller mon zèle;
J'ai flatté son esprit; enfin j'ai si bien fait,
Qu'il veut, comme je crois, me prendre pour valet.
Il s'est même informé pour une hôtellerie.
Moi, dans les hauts projets dont mon âme est remplie,
J'ai d'abord enseigné l'auberge que voici.
Il doit dans un moment me venir joindre ici.

LE CHEVALIER.
Quels sont ces hauts projets dont ton âme est charmée?
VALENTIN.
La fortune aujourd'hui me paroît désarmée.
Tantôt, chemin faisant, j'ai cru, sans me flatter,
Que de la ressemblance on pourroit profiter
Pour obtenir plus tôt Isabelle du père,
Et tirer, qui plus est, cet argent du notaire :
Ce seroient deux beaux coups à la fois.
LE CHEVALIER.
Oui, vraiment.
VALENTIN.
Cela pourroit peut-être arriver aisément.
A notre campagnard nous donnerions la tante ;
Pour vous seroit la nièce, et pour moi la suivante.
LE CHEVALIER.
Mais comment ferions-nous, dans ce hardi dessein,
Pour mettre promptement cette affaire en bon train?
VALENTIN.
Il faut premièrement quitter cette parure,
Prendre d'un héritier l'habit et la figure ;
L'air entre triste et gai. Le deuil vous sied-il bien?
LE CHEVALIER.
Si c'est comme héritier, ma foi, je n'en sais rien;
Jamais succession ne m'est encor venue.

ACTE II, SCENE I.

VALENTIN.

Faites bien le dolent à la première vue :
Imposez au notaire ; et soyez diligent
Autant que vous pourrez à toucher cet argent.

LE CHEVALIER.

J'ai de tromper mon frère au fond quelque scrupule.

VALENTIN.

Quelle délicatesse et vaine et ridicule !
Nantissez-vous de tout, sans rien mettre au hasard ;
Après à votre gré vous lui ferez sa part.
S'il tenoit cet argent, il se pourroit bien faire
Qu'il n'auroit pas pour vous un si bon caractère.

LE CHEVALIER.

Si pour ce bien offert tu me vois quelque ardeur,
C'est pour mieux mériter Isabelle et son cœur.
Je l'adore, et je puis te dire en confidence
Qu'elle ne me voit pas avec indifférence :
Son père n'en sait rien, et ne me connoît pas ;
Pour l'obtenir de lui je n'ai fait aucun pas ;
Et n'ayant pour tout bien que la cape et l'épée,
Toute mon espérance auroit été trompée.
Quelque raison encor m'arrête en ce moment.

VALENTIN.

Quelle est-elle ?

LE CHEVALIER.

J'ai pris certain engagement,

Et promis par écrit d'épouser Araminte.
VALENTIN.
Sur cet engagement bannissez votre crainte.
Bon ! si l'on épousoit autant qu'on le promet,
On se marieroit plus que la loi ne permet.
Allons au fait. Pour mettre en état notre affaire,
Il faut être vêtu comme l'est votre frère :
Il porte le grand deuil ; son linge est éfilé ;
Un baudrier noué d'un crêpe entortillé :
Sa perruque de peu diffère de la vôtre ;
Ainsi vous n'aurez pas besoin d'en prendre une autre.
Allez vous encrêper sans perdre un seul instant.
LE CHEVALIER.
Pour dîner avec elle Araminte m'attend.
VALENTIN.
Vous avez maintenant bien autre chose à faire ;
Vous dînerez demain. Je crois voir votre frère :
Il vient de ce côté, je ne me trompe pas ;
Vous, de cet autre-ci marchez, doublez le pas.
LE CHEVALIER.
Mais, dis-moi cependant....
VALENTIN.
Je n'ai rien à vous dire ;
De tout dans un moment je saurai vous instruire.

SCÈNE II.

MENECHME, *en deuil;* VALENTIN.

VALENTIN.

A la fin vous voilà, monsieur. Depuis long-temps,
Pour tenir ma parole, ici je vous attends.

MENECHME.

Oui vraiment me voilà; mais j'ai cru de ma vie
Ne pouvoir arriver à votre hôtellerie.
Quel pays! quel enfer! J'ai fait cent mille tours;
Je n'ai jamais couru tant de risque en mes jours.
On ne peut faire un pas que l'on ne trouve un piége.
Partout quelque filou m'investit et m'assiége :
Là, l'épée à la main, des archers malfaisants,
Conduisant leur capture, insultent les passants;
Un fiacre, me couvrant d'un déluge de boue,
Contre le mur voisin m'écrase de sa roue;
Et, voulant me sauver, des porteurs inhumains
De leur maudit bâton me donnent dans les reins.
Quel bruit confus! quels cris! Je crois qu'en cette ville
Le diable a pour jamais élu son domicile.

VALENTIN.

Oh! Paris est un lieu de tumulte et d'éclat.

MENECHME.

Comment! j'aimerois mieux cent fois être au sabbat;

Un bois plein de voleurs est plus sûr. Ma valise,
Contre la foi publique, en arrivant, m'est prise ;
On la change en une autre, où ce qui fut dedans,
A le bien estimer, ne vaut pas quinze francs ;
Des billets doux de femme y sont pour toutes hardes.

VALENTIN.

Il faut en ce pays être un peu sur ses gardes.

MENECHME.

Je ne le vois que trop. Suffit, ce coup de main
Me rendra désormais plus alerte et plus fin.
Heureusement encor, laissant ma malle au coche,
J'ai mis fort prudemment mon argent dans ma poche.

VALENTIN.

En toute occasion on voit les gens d'esprit.
Je vous ai dans ce lieu fait préparer un lit
Dans un appartement fort propre et fort tranquille.
Comptez-vous de rester long-temps en cette ville ?

MENECHME.

Le moins que je pourrai ; je n'ai pas trop sujet
De me louer fort d'elle, et d'être satisfait :
Je viens m'y marier.

VALENTIN.

C'est pourtant une affaire
Que l'on ne conclut pas en un jour, d'ordinaire.

MENECHME.

J'y viens pour prendre aussi soixante mille écus,

ACTE II, SCÈNE II.

Qu'un oncle que j'avois, et qu'enfin je n'ai plus,
Attendu qu'il est mort, par grâce singulière
M'a laissé depuis peu comme à son légataire.

VALENTIN.

Tout est-il pour vous seul, monsieur?

MENECHME.

                        Assurément.
La guerre m'a défait d'un frère heureusement;
Depuis près de vingt ans, à la fleur de son âge,
Il a de l'autre monde entrepris le voyage,
Et n'est point revenu.

VALENTIN.

             Le ciel lui fasse paix,
Et dans tous vos desseins vous donne un plein succès!
Si vous avez besoin de mon petit service,
Vous pouvez m'employer, monsieur, à tout office:
Je connois tout Paris, et je suis toujours prêt
A servir mes amis sans aucun intérêt.

MENECHME.

Ne sauriez-vous me dire où loge un certain homme,
Un honnête bourgeois, que Démophon l'on nomme?

VALENTIN.

Démophon?

MENECHME.

       Justement, c'est ainsi qu'il a nom.

VALENTIN.

Qui peut vous enseigner mieux que moi sa maison?
Nous irons. Avez-vous avec lui quelque affaire?

MENECHME.

Oui. Sauriez-vous encore où demeure un notaire
Qu'on nomme Robertin?

VALENTIN.

Ah! vraiment, je le crois;
Vous ne pouvez pas mieux vous adresser qu'à moi;
Il est de mes amis, et nous irons ensemble.

SCÈNE III.

FINETTE, VALENTIN, MENECHME.

VALENTIN, *à part.*

Mais j'aperçois Finette. Ah, juste ciel! je tremble
Qu'elle ne vienne ici gâter ce que j'ai fait.

FINETTE, *à Valentin.*

Que diantre fais-tu là planté comme un piquet?
Le dîner se morfond; ma maîtresse s'ennuie.
(*apercevant Menechme, qu'elle prend pour le Chevalier.*)
Ah! vous voilà, monsieur! vraiment, j'en suis ravie.

MENECHME.

Et pourquoi donc?

ACTE II, SCÈNE III.

FINETTE.

J'allois au-devant de vos pas
Voir qui peut empêcher que vous ne venez pas :
Ma maîtresse ne peut en deviner la cause.
Mais qu'est-ce donc, monsieur? quelle métamorphose !
Pourquoi cet habit noir, et ce lugubre accueil ?
En peu de temps, vraiment, vous avez pris le deuil.
Faut-il, pour un dîner, s'habiller de la sorte?
Venez-vous d'un convoi, monsieur?

MENECHME.

Que vous importe?
(*à part, à Valentin.*)
Je suis comme il me plaît. Les filles en ces lieux
Ont l'abord familier, et l'esprit curieux.

VALENTIN, *bas, à Menechme.*

C'est l'humeur du pays; et, sans beaucoup d'instance,
Avec les étrangers elles font connoissance.

FINETTE.

Mon zèle de ces soins ne peut se dispenser;
A ce qui vous survient je dois m'intéresser :
Ma maîtresse a pour vous une tendresse extrême,
Et je dois l'imiter.

MENECHME.

Votre maîtresse m'aime?

FINETTE.

Ne le savez-vous pas ?

MENECHME.
Je veux être pendu
Si jusques à ce jour j'en ai jamais rien su.
FINETTE.
Vous en avez pourtant déjà fait quelque épreuve ;
Et, si vous en voulez de plus solide preuve,
Quand vous souhaiterez vous serez son époux.
MENECHME.
Je serai son époux ?
FINETTE.
Oui, vraiment.
MENECHME.
Qui ? moi ?
FINETTE.
Vous.
Vous n'avez pas, je crois, d'autre dessein en tête.
MENECHME.
La proposition est, ma foi, fort honnête !
(*à part, à Valentin.*)
Voilà, sur ma parole, une agente d'amour.

VALENTIN, *bas, à Menechme.*
Elle en a bien la mine.
FINETTE.
Avant votre retour
Mille amants sont venus s'offrir à ma maîtresse ;
Mais Ménechme est le seul qui flatte sa tendresse.

ACTE II, SCÈNE III.

MENECHME.

D'où savez-vous mon nom ?

FINETTE.

D'où vous savez le mien.

MENECHME.

D'où je sais le vôtre ?

FINETTE.

Oui.

MENECHME.

Je n'en sus jamais rien :
Je ne vous connois point.

FINETTE.

A quoi bon cette feinte ?
Je me nomme Finette, et sers chez Araminte ;
Et plus de mille fois je vous ai vu chez nous.

MENECHME.

Vous servez chez elle ?

FINETTE.

Oui.

MENECHME.

Ma foi, tant pis pour vous.
Je ne m'y connois pas, ou bien, sur ma parole,
Vous êtes là, ma mie, en très mauvaise école.

FINETTE.

Laissons ce badinage. En un mot, comme en cent,

Ma maîtresse à dîner chez elle vous attend.
Pour vous faire trouver meilleure compagnie,
Elle a, dans ce repas, invité son amie,
Belle et de bonne humeur, qui loge en son quartier.

MENECHME.

Votre maîtresse fait un fort joli métier !

FINETTE, *bas, à Valentin.*

Mais parle-moi donc, toi : quelle vapeur nouvelle
A pu dans un moment déranger sa cervelle ?

VALENTIN, *bas, à Finette.*

Depuis un certain temps il est assez sujet
A des distractions, dont tu peux voir l'effet ;
Il me tient quelquefois un discours vain et vague,
A tel point qu'on diroit souvent qu'il extravague.

FINETTE.

Tantôt il paroissoit assez sage ; et peut-on
Perdre en si peu de temps et mémoire et raison ?
  (*à Menechme.*)
Voulez-vous de bon sens me dire une parole ?

MENECHME.

Mais vous-même, ma mie, êtes-vous ivre ou folle
De me baliverner avec vos contes bleus,
Et me faire enrager depuis une heure ou deux ?
Qu'est-ce qu'une Araminte, un objet qui m'adore,
Une amie, un dîner, et cent discours encore,

Tous plus sots l'un que l'autre, à quoi l'on ne comprend
Non plus qu'à de l'algèbre, ou bien à l'alcoran ?

FINETTE.

Vous ne voulez donc pas être plus raisonnable,
Ni dîner au logis ?

MENECHME.

Non, je me donne au diable.
Votre maîtresse ailleurs, en ses nobles projets,
Peut à d'autres oiseaux tendre ses trébuchets.
Et vous, son émissaire, et son honnête agente,
C'est un vilain emploi que celui d'intrigante ;
Quelque malheur enfin vous en arrivera,
Je vous en avertis ; quittez ce métier-là ;
Faites votre profit de cette remontrance.

FINETTE.

Nous verrons si dans peu vous aurez l'insolence
De faire à ma maîtresse un discours aussi sot :
Je vais lui dire tout, sans oublier un mot.
(*à Valentin.*)
Adieu, digne valet d'un trop indigne maître :
J'espère que dans peu nous nous ferons connoître.
(*à part.*)
Je ne le connois plus, et ne sais où j'en suis.

SCÈNE IV.

MÉNECHME, VALENTIN.

MÉNECHME.

Quelle ville, bon dieu! quel étrange pays!
On me l'avoit bien dit que ces femmes coquettes,
Pour faire réussir leurs pratiques secrètes,
Des nouveaux débarqués s'informoient avec soin,
Pour leur dresser après quelque piége au besoin.

VALENTIN.

Au coche elle aura pu savoir comme on vous nomme,
Et que vous arrivez pour toucher une somme.

MÉNECHME.

Justement, c'est de là qu'elle a pu le savoir :
Mais contre leurs complots j'ai su me prévaloir ;
Et si de m'attraper quelqu'un se met en tête,
Il ne faut pas, ma foi, que ce soit une bête.

VALENTIN.

Ne restons pas, monsieur, en ce lieu plus long-temps
Les femmes à Paris ont des attraits tentants,
Où les cœurs les plus fiers enfin se laissent prendre.

MÉNECHME.

Votre conseil est bon ; entrons sans plus attendre.

SCÈNE V.

ARAMINTE, FINETTE, MENECHME, VALENTIN.

ARAMINTE, *à Finette.*
Non, je ne croirai point ce que tu me dis là.
FINETTE.
Vous verrez si je mens : parlez-lui, le voilà.
ARAMINTE, *à Menechme, qu'elle prend pour le Chevalier.*
Tandis que de vous voir je meurs d'impatience,
Vous témoignez, monsieur, bien de l'indifférence.
Le dîner vous attend ; et vous savez, je crois,
Que je n'ai de plaisir que lorsque je vous vois.
MENECHME.
En vérité, madame, il faut que je vous dise....
Que je suis fort surpris.... et que dans ma surprise....
Je trouve surprenant.... Je ne m'attendois pas
A voir ce que je vois.... Car enfin vos appas,
Quoiqu'un peu... dérangés... pourroient bien me
(*à part.*) [confondre ;
Si, d'ailleurs.... Par ma foi, je ne sais que répondre.
ARAMINTE.
Le trouble où je vous vois, ce noir déguisement,
Ne m'annoncent-ils point de triste événement ?

Vous est-il survenu quelque mauvaise affaire?
Parlez, mon cher enfant; daignez ne me rien taire:
Vous êtes-vous battu?

MENECHME.
Jamais je ne me bats.

ARAMINTE.
Tout mon bien est à vous, et ne l'épargnez pas.
Quand on s'aime, et qu'on a pour but de chastes chaîne
Tout le bien et le mal, les plaisirs et les peines,
Tout, entre deux amants, ne doit devenir qu'un.
Il faut mettre nos maux et nos biens en commun;
Et je veux avec vous courir même fortune.

MENECHME.
Je vous suis obligé de vous voir si commune :
Mais je n'userai point de la communauté
Que vous m'offrez, madame, avec tant de bonté.

ARAMINTE.
Mais je ne comprends point quels discours sont les vôtr

FINETTE.
Bon! madame, il m'en a tantôt tenu bien d'autres.

VALENTIN, *bas, à Araminte.*
Dans ses discours, parfois, il est impertinent.

ARAMINTE.
Entrons donc pour dîner.

MENECHME.
Je ne puis maintenant;

ACTE II, SCÈNE V.

J'ai quelque affaire ailleurs.

ARAMINTE.

J'ai tort de vous contraindre ;
Mais de votre froideur j'ai sujet de tout craindre.

MENECHME.

Quel diantre de discours ! Passez, et laissez-nous.
Je n'ai jamais senti ni froid ni chaud pour vous.

FINETTE.

Eh bien ! peut-on plus loin porter l'impertinence ?
Ferme, monsieur, ici poussez bien l'insolence ;
Mais, ma foi, si jamais chez nous vous revenez,
Je vous fais de la porte un masque sur le nez.

MENECHME.

Quand j'irai, je consens, pour punir ma folie,
Que la porte sur moi se brise, et m'estropie.

ARAMINTE.

Mais d'où venez-vous donc ? Ne me déguisez rien.

MENECHME.

Vous feignez l'ignorer ; mais vous le savez bien.
N'avez-vous pas tantôt envoyé voir au coche
Qui je suis, d'où je viens, où je vais ?

ARAMINTE.

Quel reproche !
Et de quel coche ici me venez-vous parler ?

MENECHME.

Du coche le plus rude où mortel puisse aller ;

Et je ne pense pas que de Paris à Rome
Un autre, quel qu'il soit, cahote mieux son homme.

ARAMINTE.

Finette, il perd l'esprit.

FINETTE.

Il ne perd pas beaucoup.
Il faut assurément qu'il ait trop bu d'un coup ;
C'est le vin qui le porte à ces extravagances.

MENECHME.

Je suis las, à la fin, de tant d'impertinences.
Des soins plus importants me mettent en souci :
C'est pour les terminer que l'on me voit ici,
Et non pas pour dîner avec des créatures
Qui viennent comme vous chercher des aventures.

ARAMINTE.

Des créatures ! ciel ! quels termes sont-ce là ?

FINETTE.

Des créatures ! nous ! Ah ! madame, voilà
Les deux plus grands fripons.... Si vous m'en voulez cr
Frottons-les comme il faut, pour venger notre gloire.

MENECHME.

Doucement, s'il vous plaît ; modérez votre ardeur.

FINETTE.

Je ne me suis jamais senti tant de vigueur.
J'aurai soin du valet ; n'épargnez pas le maître.

ACTE II, SCÈNE V.

VALENTIN, *se sauvant.*

De tout ce différend je ne veux rien connoître ;
Et je ne prétends point me battre contre toi.
Si l'on vous brutalise, est-ce ma faute à moi ?

ARAMINTE.

Que je suis malheureuse ! et quelle est ma foiblesse
D'avoir à cet ingrat déclaré ma tendresse !
Finette, tu le sais, rien ne te fut caché.

FINETTE.

Perfide ! scélérat ! ton cœur n'est point touché ?

MENECHME.

Là, là, consolez-vous. Si cet amour extrême
Est venu promptement, il passera de même.

ARAMINTE.

Va, n'attends plus de moi que haine et que rigueurs.
  (*Elle s'en va.*)

MENECHME.

Bon : je me passerai fort bien de vos faveurs.

SCÈNE VI.

FINETTE, MENECHME, VALENTIN.

FINETTE, *à Menechme.*

Ah ! maudit renégat, le plus méchant du monde !
Que le ciel te punisse, et l'enfer te confonde !
Si nous avions bien fait nous t'aurions étranglé.

Il faut assurément qu'on l'ait ensorcelé ;
Et ce n'est plus lui-même.
(Finette sort ; Menechme la suit, et s'arrête à l'entrée d'une rue.)

MENECHME, *à Finette et à Araminte, qu'il suit des yeux.*

Adieu donc, mes princesses ;
Choisissez mieux vos gens pour placer vos tendresses.

SCÈNE VII.

MENECHME, VALENTIN.

MENECHME, *revenant, à Valentin.*
Mais voyez quelle rage et quel déchaînement !
J'ai senti cependant un tendre mouvement ;
Le diable m'a tenté. J'ai trouvé la suivante
D'un minois revenant, et fort appétissante.

VALENTIN.
Vous avez jusqu'au bout bravement combattu ;
Et l'on ne peut assez louer votre vertu.
Mais entrons au plus tôt dans cette hôtellerie,
Pour n'être plus en butte à quelque brusquerie.
Là, si vous me jugez digne de quelque emploi,
Vous pourrez m'occuper, et vous servir de moi.

MENECHME.
Je brûle cependant d'aller voir ma maîtresse ;

ACTE II, SCÈNE VII.

Un désir curieux plus que l'amour me presse.

VALENTIN.

Lorsque vous aurez fait un tour dans la maison,
Je vous y conduirai, si vous le trouvez bon.

MÉNECHME.

Adieu; jusqu'au revoir.

SCÈNE VIII.

VALENTIN, *seul*.

Je vais trouver mon maître,
Savoir en quel état les choses peuvent être;
S'il agit de sa part; s'il a bon air en deuil.
Courage, Valentin; ferme; bon pied, bon œil.

FIN DU SECOND ACTE.

ACTE TROISIÈME.

SCÈNE I.

LE CHEVALIER, *vêtu en deuil*; VALENTIN.

VALENTIN.

Rien n'est plus surprenant; et votre ressemblance
Avec votre jumeau passe la vraisemblance.
Vous et lui, ce n'est qu'un : étant vêtu de deuil,
Il n'est homme à présent dont vous ne trompiez l'œil
On ne peut distinguer qui des deux est mon maître;
Et moi, votre valet, j'ai peine à vous connoître.
Pour ne pas m'y tromper, souffrez que de ma main
Je vous attache ici quelque signe certain.
Donnez-moi ce chapeau.

LE CHEVALIER.

Qu'en prétends-tu donc faire?

VALENTIN, *mettant une marque au chapeau.*

Vous marquer de ma marque, ainsi que votre père,
Pour vous mieux distinguer, faisoit fort prudemment

ACTE III, SCÈNE I.

LE CHEVALIER.

Tu veux rire, je crois?

VALENTIN.

Je ne ris nullement;
Et je pourrois fort bien le premier m'y méprendre.

LE CHEVALIER.

Le notaire à ces traits s'est déjà laissé prendre :
Il m'a reçu d'abord d'un accueil obligeant;
Et dans une heure il doit me compter mon argent.

VALENTIN.

Quoi! monsieur, il vous doit compter toute la somme,
Soixante mille écus?

LE CHEVALIER.

Tout autant.

VALENTIN.

L'honnête homme!
D'autres à ce jumeau se sont déjà mépris :
Pour vous, en ce lieu même, Aramiute l'a pris,
Et chez elle à dîner a voulu l'introduire.
Lui, surpris, interdit, et ne sachant que dire,
Croyant qu'elle tendoit un piége à sa vertu,
L'a brusquement traitée; il s'est presque battu;
Et, si je n'avois pas apaisé la querelle,
Il seroit arrivé mort d'homme ou de femme.

LE CHEVALIER.

Mais n'a-t-il point sur moi quelques soupçons naissants?

VALENTIN.

Quel soupçon voulez-vous qu'il ait? depuis vingt an
Il vous croit trop bien mort; et jamais, quoi qu'on o*
Il ne peut du vrai fait imaginer la cause.

LE CHEVALIER.

L'aventure est plaisante, et j'en ris à mon tour.
Mais voyons le beau-père, et servons notre amour.
Heurte vite.

(*Valentin va frapper à la porte de Démophon, qu*
sort.)

SCÈNE II.

DÉMOPHON, LE CHEVALIER, VALENTIN.

VALENTIN, *à Démophon.*

Êtes-vous, monsieur, un honnête homm*
Appelé Démophon?

DÉMOPHON.

C'est ainsi qu'on me nomme.

VALENTIN.

Je me réjouis fort de vous avoir trouvé.
Voilà mon maître ici fraîchement arrivé,
Qui se nomme Menechme, et qui vient de Péronne
A dessein d'épouser votre fille en personne.

DÉMOPHON, *au Chevalier.*

Ah! monsieur, permettez que cet embrassement

ACTE III, SCÈNE II.

Vous fasse voir l'excès de mon contentement.
LE CHEVALIER.
Souffrez aussi, monsieur, qu'une pareille joie
Dans cet embrassement à vos yeux se déploie,
Et que tout le respect ici vous soit rendu
Que doit à son beau-père un gendre prétendu.
DÉMOPHON.
Votre taille, votre air, votre esprit, tout m'enchante :
Et mon âme seroit entièrement contente
Si votre oncle défunt, que je voyois souvent,
Pour voir cette alliance étoit encor vivant
LE CHEVALIER.
Ah! monsieur, n'allez pas rappeler de sa cendre
Un oncle que j'aimois d'une amitié bien tendre.
Ce garçon vous dira l'excès de mes douleurs,
Et combien à sa mort j'ai répandu de pleurs.
VALENTIN.
Qu'à son âme le ciel fasse miséricorde!
Mais nous parler de lui, c'est toucher une corde
Bien triste.... et qui pourroit.... Mais il étoit bien vieux.
DÉMOPHON.
Mais point trop : nous étions de même âge tous deux,
Cinquante ans environ.
VALENTIN.
    Ce mot se peut entendre
En diverses façons, suivant qu'on le veut prendre.

Je dis qu'il étoit vieux pour son peu de santé ;
Il se plaignoit toujours de quelque infirmité.

DÉMOPHON.

Point du tout ; et je crois que, dans toute sa vie,
Il ne fut attaqué que de la maladie.
Qui causa de sa mort le funeste accident.

LE CHEVALIER.

C'étoit un corps de fer.

VALENTIN.

Il est vrai.... cependant....

LE CHEVALIER, *bas, à Valentin.*

Tais-toi donc.

DÉMOPHON.

Ce discours peut rouvrir votre plaie
Prenons une matière et plus vive et plus gaie.
Vous allez voir ma fille ; et j'ose me flatter,
Que son air et ses traits pourront vous contenter.

LE CHEVALIER.

Il faudra que pour moi le devoir sollicite ;
Je compte, en vérité, bien peu sur mon mérite.

DÉMOPHON.

Vous avez très grand tort ; vous devez y compter ;
Et du premier coup d'œil vous saurez l'enchanter.
Je me connois en gens, croyez-en ma parole ;
Et de plus Isabelle est une cire molle
Que je forme et pétris comme il me prend plaisir.

Quand vous ne seriez pas au gré de son désir
(Ce qui me tromperoit bien fort), je suis son père,
Et, pour voir à mes lois combien elle défère,
Mettez-vous à l'écart, je m'en vais l'appeler;
Et, sans être aperçu, vous l'entendrez parler.
(*Il entre chez lui.*)

SCÈNE III.

LE CHEVALIER, VALENTIN.

LE CHEVALIER.

Laisse-moi seul ici; va-t'en trouver mon frère:
Empêche-le surtout d'aller chez le notaire;
C'est le point principal.

VALENTIN.

J'en demeure d'accord;
Mais je ne pourrai pas, dans son ardent transport,
L'empêcher de venir ici voir sa maîtresse:
Ainsi je suis d'avis, quelque ardeur qui vous presse,
Que vous soyez succinct en discours amoureux.

LE CHEVALIER.

Va vite; je ne suis qu'un moment en ces lieux.

SCÈNE IV.

DÉMOPHON, ISABELLE; LE CHEVALIER
à l'écart.

DÉMOPHON.

Isabelle, approchez.

ISABELLE.

Que voulez-vous, mon père?

DÉMOPHON.

Vous dire quatre mots, et vous parler d'affaire.
Un homme de province, assez bien fait pourtant,
Doit pour vous épouser arriver à l'instant.

ISABELLE, *à part.*

Qu'entends-je?

DÉMOPHON.

Ce parti vous est fort convenable;
La naissance, le bien, tout m'est très agréable;
Et la personne aussi sera de votre goût.

ISABELLE.

Mon père, sans pousser ce discours jusqu'au bout,
Permettez-moi de dire, avecque déférence,
Et sans vouloir pour vous manquer d'obéissance,
Que je ne prétends point me marier.

DÉMOPHON.

Comment!

D'où vous vient pour l'hymen ce brusque éloignement?
Vous n'avez pas tenu toujours un tel langage.

ISABELLE.

Il est vrai ; mais enfin l'esprit vient avec l'âge.
J'en connois les dangers. Aujourd'hui les époux
Sont tous, pour la plupart, inconstants ou jaloux;
Ils veulent qu'une femme épouse leurs caprices :
Les plus parfaits sont ceux qui n'ont que peu de vices.

DÉMOPHON.

Celui-ci te plaira, quand tu l'auras connu.

ISABELLE.

Quel qu'il soit, je le hais avant de l'avoir vu;
Il suffit que ce soit un homme de province;
Et je n'en voudrois pas, quand ce seroit un prince.

LE CHEVALIER, *se montrant.*

Madame, il ne faut pas si fort se déchaîner
Contre le malheureux que l'on veut vous donner :
Si vous le haïssez, il s'en peut trouver d'autres
De qui les sentiments différeront des vôtres.

ISABELLE, *à part.*

Que vois-je ? juste ciel ! et quel étonnement !
C'est Menechme, grands dieux! c'est lui, c'est mon amant.

DÉMOPHON, *au Chevalier.*

Je suis au désespoir qu'un dégoût téméraire
Ait rendu son esprit à mes lois si contraire :
Mais je l'obligerai, si vous le souhaitez....

LE CHEVALIER.

Non ; ne contraignons point, monsieur, ses volontés
J'aimerois mieux mourir que d'obliger madame
A faire quelque effort qui contraignît son âme.

DÉMOPHON.

Regarde le parti qui t'étoit destiné ;
Un époux fait à peindre, un jeune homme bien né,
Dont l'esprit est égal au bien, à la naissance.

LE CHEVALIER.

J'avois tort de porter si haut mon espérance.

ISABELLE.

Quoi ! c'est là le parti que vous me proposiez ?

DÉMOPHON.

Eh ! oui, si dans mon choix vous ne me traversiez,
Si votre sot dégoût et vos folles pensées
Ne rompoient mes desseins et toutes mes visées.

ISABELLE.

A ne vous point mentir, depuis que je l'ai vu,
Mon cœur n'est plus si fort contre lui prévenu.

DÉMOPHON.

Vous voyez ce que fait l'autorité d'un père.

LE CHEVALIER.

Vous n'avez plus pour moi cette haine sévère,
Et votre œil sans dédain s'accoutume à me voir ?

ISABELLE.

Mon père me l'ordonne, et je suis mon devoir.

SCÈNE V.

ARAMINTE, LE CHEVALIER, DÉMOPHON, ISABELLE.

ARAMINTE, *au Chevalier.*

Ah! te voilà donc, traître! Avec quelle impudence
Oses-tu dans ces lieux soutenir ma présence?
Après m'avoir traitée avec indignité,
Ne crains-tu point l'effet de mon cœur irrité?

LE CHEVALIER.

Madame, je ne sais ce que vous voulez dire;
Et ce brusque discours a de quoi m'interdire.
Vous me prenez ici pour un autre, je croi.
Quel sujet auriez-vous de vous plaindre de moi?

ARAMINTE.

Tu feins de l'ignorer, âme double et traîtresse!
Tu m'abusois, hélas! d'une feinte tendresse;
Et moi, de bonne foi, je te donnois mon cœur,
Sans connoître le tien et toute sa noirceur.

LE CHEVALIER.

Vous m'honorez vraiment par-delà mes mérites;
Mais je ne comprends rien à tout ce que vous dites.

DÉMOPHON.

Ma foi, ni moi non plus. Mais dites-moi, ma sœur,
A quoi tend ce discours? Quelle bizarre humeur....

LE CHEVALIER, *à Démophon.*

Madame est votre sœur ?

DÉMOPHON.

Oui, monsieur, dont j'enrage;
De plus ma sœur aînée, et n'en est pas plus sage.
(*à Araminte.*)
Quel caprice nouveau; quel démon, dis-je, enfin,
Vous oblige à venir, en faisant le lutin,
Scandaliser ici monsieur, qui de sa vie
Ne vous vit ni connut, et n'en a nulle envie ?

ARAMINTE.

Il ne me connoît pas! Vous êtes fou, je crois!
Depuis plus de deux ans l'ingrat vit sous mes lois;
Il a fait de mon bien un assez long usage :
J'ai fait à mes dépens son dernier équipage ;
Et, si de ses malheurs je n'avois eu pitié,
Il auroit tout au long fait la campagne à pied.

DÉMOPHON, *bas, au Chevalier.*

Je vous le disois bien qu'elle étoit un peu folle.

LE CHEVALIER, *bas, à Démophon.*

Elle y vise assez.

DÉMOPHON, *bas, au Chevalier.*

Oh! j'en donne ma parole.

LE CHEVALIER.

Je ne veux pas ici m'exposer plus long-temps
A m'entendre tenir des discours insultants.

ACTE III, SCÈNE V.

A madame à présent je quitte la partie ;
Je reviendrai sitôt qu'elle sera partie.

DÉMOPHON, *bas, au Chevalier.*

Ne vous arrêtez point à tout ce qu'elle dit :
Il faut s'accommoder à son bizarre esprit.

LE CHEVALIER.

Pour un moment, monsieur, souffrez que je vous quitte :
Je reviens sur mes pas achever ma visite.

(*Il s'en va.*)

ARAMINTE, *au Chevalier.*

Ne crois pas m'échapper.

SCÈNE VI.

ARAMINTE, DÉMOPHON, ISABELLE.

ARAMINTE, *revenant sur ses pas.*

Je connois vos desseins :
Vous voudriez tous deux l'arracher de mes mains ;
Mais je veux l'épouser en dépit de la fille,
Du père, des parents, de toute la famille,
Et dépit de lui-même, et de moi-même aussi.

(*Elle sort.*)

SCÈNE VII.

DÉMOPHON, ISABELLE.

DÉMOPHON.

Quel vertigo l'agite, et l'a conduite ici ?
Toujours de plus en plus son cerveau se démonte.

ISABELLE.

Il est vrai que souvent pour elle j'en ai honte.

DÉMOPHON.

Je crains que cette femme, avec sa brusque humeur,
Ne soit venue ici causer quelque malheur.

SCÈNE VIII.

MÉNECHME, VALENTIN, DÉMOPHON, ISABELLE.

VALENTIN, *à Ménechme, dans le fond.*

Oui, monsieur, les voilà, la fille avec le père :
Vous pouvez avec eux parler de votre affaire.

DÉMOPHON, *allant à Ménechme, qu'il prend pou[r] le Chevalier.*

Ah ! monsieur, pour ma sœur et pour sa vision,
Il faut ma fille et moi vous demander pardon.
Vous savez bien qu'il est, en femmes comme en fill[es]
Des esprits de travers dans toutes les familles.

ACTE III, SCÈNE VIII.

MENECHME.

Oui, monsieur.

DÉMOPHON.

Vous voilà promptement de retour !
J'en suis ravi.

MENECHME.

Je viens vous donner le bonjour,
Et par même moyen, amant tendre et fidèle,
Épouser une fille appelée Isabelle,
Dont vous êtes le père, à ce que chacun dit.
En peu de mots, voilà tout ce qui me conduit.

DÉMOPHON.

Je vous l'ai déjà dit, et je vous le répète,
Combien de ce parti mon âme est satisfaite :
Ma fille en est contente; elle vous a fait voir
Qu'elle suit maintenant l'amour et le devoir.
Elle a senti d'abord un peu de répugnance ;
Mais, vous voyant, son cœur n'a plus fait de défense.

MENECHME.

Nous nous sommes donc vus quelquefois ?

DÉMOPHON.

A l'instant ;
Vous sortez d'avec elle, et paroissiez content.

MENECHME.

Moi ! je sors d'avec elle ?

DÉMOPHON.

Oui, sans doute, vous-même
Nous avions de vous voir une allégresse extrême,
Quand ma sœur est venue, avec ses sots discours,
De notre conférence interrompre le cours.
Se peut-il que si tôt vous perdiez la mémoire ?

MENECHME.

Nous rêvons, vous ou moi. Quoi ! vous me ferez croi[re]
Que j'ai vu votre fille ? en quel temps ? comment ? où[?]

DÉMOPHON.

Tout à l'heure, en ces lieux.

MENECHME.

Allez, vous êtes fou :
C'est me faire passer pour un visionnaire ;
Et ce début, tout franc, ne me satisfait guère.
Quoi qu'il en soit enfin, à présent je la vois ;
Que ce soit la première ou la seconde fois,
Il importe fort peu pour notre mariage.

DÉMOPHON, *bas.*

Cet homme dans l'abord me paroissoit plus sage.

MENECHME.

Madame, on m'a vanté par écrit vos appas :
J'en suis assez content : mais j'en fais peu de cas,
Quand l'esprit ne va pas de pair avec les charmes.
C'est à vous là-dessus à guérir mes alarmes :
J'en dirai mon avis quand vous aurez parlé.

ACTE III, SCÈNE VIII.

ISABELLE, *à part.*

Je ne le connois plus ; son esprit s'est troublé.

MENECHME.

J'aime les gens d'esprit plus que personne en France ;
J'en ai du plus brillant, et le tout sans science.
Je trouve que l'étude est le parfait moyen
De gâter la jeunesse, et n'est utile à rien ;
Aussi je n'ai jamais mis le nez dans un livre :
Et quand un gentilhomme, en commençant à vivre,
Sait tirer en volant, boire et signer son nom,
Il est aussi savant que défunt Cicéron.

DÉMOPHON.

Prendrez-vous une charge à la cour, à l'armée ?

MENECHME.

Mon âme dans ce choix est indéterminée.
La cour auroit pour moi d'assez puissants appas,
Si la sujétion ne me fatiguoit pas.
La guerre me feroit d'ailleurs assez d'envie,
Si des gens bien versés en l'art d'astrologie
Ne m'avoient assuré que je vivrai cent ans :
Or, comme les guerriers vont peu jusqu'à ce temps,
Quoique mon nom fameux pût voler dans l'Europe,
Je veux, si je le puis, remplir mon horoscope.
Oh ! j'aime à vivre, moi.

VALENTIN.

Vous êtes de bon sens.

ISABELLE, *bas*.

Quel discours ! quel travers ! Est-ce lui que j'entends

MENECHME.

Qu'avez-vous, s'il vous plaît ? Vous paroissez surpris
Comme si je disois ici quelque sottise.
Vous avez bien la mine, et soit dit entre nous,
De faire peu de cas des leçons d'un époux.

ISABELLE.

Je sais à quel devoir l'état de femme engage.

MENECHME.

Jusqu'ici je vous crois et vertueuse et sage ;
Cependant ce regard amoureux et fripon
Pour le temps à venir ne me dit rien de bon :
J'en tire un argument, sans être philosophe,
Que vous me réservez à quelque catastrophe.
Plaît-il ? Qu'en dites-vous ?

DÉMOPHON.

     Monsieur, ne craignez rien;
Isabelle toujours doit se porter au bien.

ISABELLE.

Ciel ! peut-on me tenir de tels discours en face ?
Mon père, permettez que je quitte la place :
Monsieur me flatte trop ; ses tendres compliments
Me font connoître assez quels sont ses sentiments.

        (*Elle sort.*)

SCÈNE IX.

DÉMOPHON, MENECHME, VALENTIN.

DÉMOPHON, *à part.*
Mon gendre avoit d'abord de plus belles manières.
MENECHME.
Les filles n'aiment pas les hommes si sincères.
VALENTIN.
Vous ne les flattez pas.
MENECHME.
     Oh! parbleu, je suis franc.
Femme, maîtresse, ami, tout m'est indifférent;
Je ne me contrains pas, et dis ce que je pense.
DÉMOPHON.
C'est bien fait. Vous aurez, je crois, la complaisance
De ne plus demeurer autre part que chez moi?
MENECHME.
Je reçois cette grâce ainsi que je le doi:
Mais il faut....
DÉMOPHON.
    Vous souffrir en une hôtellerie!
Ce seroit un affront....
MENECHME.
      Laissez-moi, je vous prie,
Pour quelque temps encor vivre à ma liberté.

DÉMOPHON.

Soit. Je vais travailler à l'hymen projeté.
   (*à part.*)
Mon gendre prétendu me paroît bien sauvage ;
Mais le bien qu'il apporte est un grand avantage.

SCÈNE X.

MENECHME, VALENTIN.

MENECHME.

J'ai donc vu là l'objet dont je serai l'époux ?

VALENTIN.

Oui, monsieur, le voilà.

MENECHME.

            Tout franc, qu'en dites-vous

VALENTIN.

Mais, si vous souhaitez que je parle sans feinte,
De ses perfections je n'ai pas l'âme atteinte.

MENECHME.

Ma foi, ni moi non plus.

SCÈNE XI.

M. COQUELET, MENECHME, VALENTIN

VALENTIN, *à part.*
            Quel surcroît d'embarras

ACTE III, SCÈNE XI.

Un de nos créanciers tourne vers nous ses pas :
C'est le marchand fripier qui nous rend sa visite.

M. COQUELET, *à Ménechme, qu'il prend pour le Chevalier.*

De mon petit devoir humblement je m'acquitte.
J'ai ce matin, monsieur, appris votre retour,
Et je viens des premiers vous donner le bonjour.
Nous étions tous pour vous dans une peine extrême ;
Car dans notre maison tout le monde vous aime,
Moi, ma fille, ma femme ; elles trembloient de peur
Qu'il ne vous arrivât quelque coup de malheur.

MENECHME.

M'aimer sans m'avoir vu ! voilà de bonnes âmes !
Je n'aurois jamais cru tant être aimé des femmes !

M. COQUELET.

Nous le devons, monsieur, pour plus d'une raison :
Vous êtes dès long-temps ami de la maison.

MENECHME, *bas, à Valentin.*

Quel est cet homme-là ?

VALENTIN, *bas, à Ménechme.*

　　　　　　　　C'est un visionnaire,
Une espèce de fou, d'un plaisant caractère,
Qui s'est mis dans l'esprit que tous les gens qu'il voit
Sont de ses débiteurs, et veut que cela soit :
C'est sa folie enfin : il n'aborde personne
Qu'un mémoire à la main ; et déjà je m'étonne

Qu'il ne vous ait point fait quelque sot compliment.

MÉNECHME, *bas, à Valentin.*

Sa folie est nouvelle, et rare assurément.

M. COQUELET.

Votre bonne santé plus que l'on ne peut croire
Me charme et me ravit. Voici certain mémoire
Qu'avant votre départ je vous fis arrêter,
Et que vous me paierez, je crois, sans contester.

VALENTIN, *bas, à Ménechme.*

Que vous avois-je dit?

M. COQUELET.

J'ai, pendant votre absence,
Obtenu contre vous certain mot de sentence,
Et par corps.

MÉNECHME.

Et par corps?

M. COQUELET.

Mais, benin créancier
J'ai différé toujours d'en charger un huissier;
De poursuites, d'exploits, il vous romproit la tête.

MÉNECHME.

Mais vous êtes vraiment trop bon et trop honnête!
Comment vous nomme-t-on?

M. COQUELET.

Oh! vous le savez bien

ACTE III, SCÈNE XI.

MENECHME.

Je veux être un maraud si j'en sus jamais rien.

M. COQUELET.

Pourriez-vous oublier....

VALENTIN, *prenant M. Coquelet à part.*

Ignorez-vous encore
Le mal qui le possède ?

M. COQUELET, *à Valentin.*

Oui, vraiment, je l'ignore.

VALENTIN, *à part, à M. Coquelet.*

Sa mémoire est perdue ; il ne se souvient plus
Ni de ce qu'il a fait, ni des gens qu'il a vus.
Ainsi, de lui parler du passé, c'est folie :
Son nom même, son nom, bien souvent il l'oublie.

M. COQUELET, *à part, à Valentin.*

Ciel ! que me dites-vous ? quel triste événement !
Et comment se peut-il qu'à son âge....

VALENTIN, *bas.*

Comment ?
On l'a mis, à la guerre, en une batterie
D'où le canon tiroit avec tant de furie,
Qu'il s'est fait dans sa tête une commotion
Qui de son souvenir empêche l'action.
De son foible cerveau.... la membrane trop tendre....
Oh ! l'effet du canon ne sauroit se comprendre.

M. COQUELET, *à Menechme.*

Je plains bien le malheur qui vous est survenu ;
Mais je puis assurer que le tout m'est bien dû.
Vous savez....

MENECHME.

Oui, je sais, sans en faire aucun doute
Et vois que la raison est chez vous en déroute.

M. COQUELET.

Monsieur, souvenez-vous que ce sont des habits
Qu'à votre régiment l'an passé je fournis.

MENECHME.

Mon régiment! à moi? Cherchez ailleurs vos dettes,
Et je n'ai pas le temps d'entendre vos sornettes :
Vous êtes un vieux fou.

M. COQUELET.

Je suis marchand fripier;
Mon nom est Coquelet, syndic, et marguillier.
Si vous avez perdu, par malheur, la mémoire,
Les articles sont tous contenus au mémoire.

(*Il lui donne son mémoire.*)

MENECHME.

Tiens, voilà ton mémoire, et comme j'en fais cas.
(*Il déchire le mémoire, et lui jette les morceaux au visage.*)

VALENTIN, *à Menechme.*

Ah, monsieur! contre un fou ne vous emportez pas.

ACTE III, SCÈNE XI.

M. COQUELET, *ramassant les morceaux.*

Déchirer un billet!... le jeter à la face!....
Vous êtes un fripon.

MENECHME.

Un fripon! moi?

VALENTIN, *se mettant entre deux.*

De grâce....

M. COQUELET.

Je vous ferai bien voir....

VALENTIN, *à M. Coquelet.*

Sans faire tant de bruit,
Plaignez plutôt l'état où le sort l'a réduit.

M. COQUELET.

Un mémoire arrêté!

VALENTIN, *à M. Coquelet.*

Ne faites point d'affaires.

M. COQUELET.

C'est un crime effroyable et digne des galères.

MENECHME, *à Valentin.*

Laissez-moi lui couper le nez.

VALENTIN, *à Menechme.*

Laissez-le aller :
Que feriez-vous, monsieur, du nez d'un marguillier?
(*à M. Coquelet.*)
Vous causerez ici quelque accident funeste.

M. COQUELET.

Je veux être payé; je me moque du reste.

VALENTIN, *à M. Coquelet.*

Partez, monsieur, partez : voulez-vous, de nouveau
Par vos cris redoublés ébranler son cerveau?

M. COQUELET.

Oui, je pars; mais peut-être, avant qu'il soit une heu[re]
Je lui ferai changer de ton et de demeure.
Serviteur.

SCÈNE XII.

MENECHME, VALENTIN.

VALENTIN.

Contre un fou falloit-il vous fâcher?

MENECHME.

De quoi s'avise-t-il de me venir chercher
Pour être le plastron de ses impertinences ?
Qu'il prenne un autre champ pour ses extravagances.
Allons chez mon notaire, et ne différons plus.

VALENTIN.

Présentement, monsieur, nos pas seroient perdus :
Il n'est pas chez lui; mais bientôt il doit s'y rendre.
Dans peu, pour l'aller voir, je reviendrai vous prend[re]
Certain devoir pressant m'appelle à quatre pas.

ACTE III, SCÈNE XII.

MENECHME.

Je vous attendrai donc : allez; ne tardez pas :
Je m'en vais un moment tranquilliser ma bile.
Tout est devenu fou, je crois, dans cette ville.
Ma foi, de tous les gens que j'ai vus aujourd'hui,
Je n'ai trouvé que moi de raisonnable, et lui.

(*Il sort.*)

SCÈNE XIII.

VALENTIN, *seul.*

Je prétends l'observer autour de cette place.
Le poisson, de lui-même, entre dans notre nasse :
Tout succède à mes vœux; et j'espère, en ce jour,
Servir utilement la fortune et l'amour.

FIN DU TROISIÈME ACTE.

ACTE QUATRIÈME.

SCÈNE I.

VALENTIN, *seul.*

J'ai toujours observé cette porte de vue ;
Personne du logis n'est sorti dans la rue :
Mon maître a tout le temps de toucher son argent.
Je reviens dans ce lieu, ministre diligent,
De crainte que notre homme, allant chez le notaire,
Ne fasse encor trop tôt découvrir le mystère.
Déjà d'un créancier il m'a débarrassé.
Je ris, lorsque je pense à ce qui s'est passé :
Je les ai mis aux mains d'une ardeur assez vive.
Parbleu ! vive les gens pleins d'imaginative !

SCÈNE II.

FINETTE, VALENTIN.

VALENTIN.

Mais j'aperçois Finette ; et mon cœur amoureux

ACTE IV, SCÈNE II.

Se sent, en la voyant, brûler de nouveaux feux.

FINETTE.

Je cherche ici ton maître.

VALENTIN.

En attendant qu'il vienne,
Souffre que mon amour un moment t'entretienne,
Et que j'offre mon cœur à tes charmants attraits.

FINETTE.

Porte ailleurs tes présents; ne me parle jamais :
Ton maître m'a traitée avec tant d'insolence,
Qu'il faut sur le valet que j'en prenne vengeance.
M'appeler créature!

VALENTIN.

Ah! cela ne vaut rien.
Il est dur quelquefois et brutal comme un chien.

FINETTE.

J'ai de ses vilains mots l'oreille encor blessée;
Et ma maîtresse en est si fort scandalisée,
Que, rompant avec lui désormais tout-à-fait,
Je viens lui demander et lettres et portrait.

VALENTIN.

Pour les lettres, d'accord; c'est un dépôt stérile,
Dont la garde, à mon sens, est assez inutile;
Mais pour le portrait d'or, attendu le métal,
Le cas, à mon avis, ne paroît pas égal.
Quand le besoin d'argent nous presse et nous harcelle,

Tu sais, ma pauvre enfant, qu'on troque la vaisselle

FINETTE.

Pourroit-on d'un portrait faire si peu de cas?

VALENTIN.

Nous nous sommes trouvés dans de grands embarras.
Mais, depuis quelque temps, un oncle, un honnête hom
(A peine pouvons-nous dire comme il se nomme)
A bien voulu descendre aux ténébreux manoirs,
Pour nous mettre à notre aise, et nous faire ses hoirs
Soixante mille écus d'argent sec et liquide
Ont mis notre fortune en un vol bien rapide.

FINETTE.

Ah ciel! que me dis-tu?

VALENTIN.

    Je dis la vérité.

FINETTE.

Quoi! dans si peu de temps vous auriez hérité?

VALENTIN.

Bon! nous avons appris le mal de ce bon homme,
La mort, le testament, et reçu notre somme,
Dans le temps que tu mets à me le demander.
Mon maître est diablement habile à succéder.

FINETTE.

Oh! je n'en doute point.

VALENTIN.

    Sois-en juge toi-même.

Tu vois bien qu'il feroit une sottise extrême,
S'il se piquoit encor d'avoir des feux constants :
Il faut bien, dans la vie, aller selon le temps.

FINETTE.

Nous nous passerons bien d'amants tels que vous êtes.

VALENTIN.

A son exemple aussi je quitte les soubrettes ;
Mon amour veut dompter des cœurs d'un plus haut rang :
Je prends un vol plus fier, et suis haussé d'un cran.
Mes mains de cet argent seront dépositaires ;
Et je vais me jeter, je crois, dans les affaires.

FINETTE.

Dans les affaires, toi ?

VALENTIN.

Devant qu'il soit deux ans,
Je veux que l'on me voie, avec des airs fendants,
Dans un char magnifique, allant à la campagne,
Ébranler les pavés sous six chevaux d'Espagne.
Un Suisse à barbe torse, et nombre de valets,
Intendants, cuisiniers, rempliront mon palais :
Mon buffet ne sera qu'or et que porcelaine ;
Le vin y coulera comme l'eau dans la Seine :
Table ouverte à dîner : et les jours libertins,
Quand je voudrai donner des soupers clandestins,
J'aurai, vers le rempart, quelque réduit commode,
Où je régalerai les beautés à la mode,

Un jour l'une, un jour l'autre; et je veux, à ton tour,
Et devant qu'il soit peu, t'y régaler un jour.

FINETTE.

J'en suis d'avis.

VALENTIN.

Pour toi ma tendresse est extrême,
Mais quelqu'un vient ici.

SCÈNE III.

MENECHME, VALENTIN, FINETTE.

VALENTIN.

C'est Menechme lui-même.
(*à Menechme.*)
A vos ordres, monsieur, vous me voyez rendu.

MENECHME, *à Valentin.*

Vous m'avez, en ce lieu, quelque temps attendu;
Mais j'ai cherché long-temps un papier nécessaire,
Pour aller promptement finir chez le notaire.

FINETTE, *à Menechme, qu'elle prend pour le Chevalier.*

Ma maîtresse, rompant avec vous tout-à-fait,
M'envoie ici, monsieur, demander son portrait,
Ses lettres, ses bijoux; en nous rendant les nôtres,
Elle m'a commandé de vous rendre les vôtres :

ACTE IV, SCÈNE III.

Les voilà.
(*Elle tire de sa poche une boîte à portrait, et un paquet de lettres.*)

MENECHME, *à Finette*.

Tout ceci doit-il durer long-temps ?

FINETTE.

C'est l'usage parmi tous les honnêtes gens :
Quand il est survenu rupture ou brouillerie,
Et que de se revoir on n'a plus nulle envie,
On se rend l'un à l'autre et lettres et portraits.

MENECHME.

C'est l'usage ?

FINETTE.

Oui, monsieur ; on n'y manque jamais.
Ce garçon vous dira que cela se pratique,
Lorsque de savoir vivre et de monde on se pique.

VALENTIN.

Pour moi, dans pareil cas, toujours j'en use ainsi.

MENECHME.

Savez-vous bien, ma mie, enfin que tout ceci
M'ennuie étrangement, me lasse, et me fatigue ;
Et que, pour vous payer de toute votre intrigue,
Vous pourriez bien sentir ce que pèse mon bras.

FINETTE.

Mort non pas de mes jours ! ne vous y jouez pas.
Voilà votre portrait, et rendez-nous le nôtre.

MENECHME.
Mon portrait! qu'est-ce à dire.
FINETTE.
Oui, sans doute, le vôtre
Que ma maîtresse prit en vous donnant le sien.
MENECHME.
J'ai donné mon portrait à ta maîtresse?
FINETTE.
Eh bien!
Allez-vous dire encor que ce sont là des fables,
Et que rien n'est plus faux?
MENECHME.
Oui, de par tous les diables
Je le dis, le soutiens, et je le soutiendrai.
FINETTE.
Quoi! vous pourriez jurer, monsieur....
MENECHME.
J'en jurerai
Je ne me suis jamais ni fait graver, ni peindre.
FINETTE, *à part.*
Ah, l'abominable homme!
VALENTIN, *bas, à Menechme.*
Il n'est plus temps de feindre
Si vous l'avez reçu, dites-le sans façon :
C'est pousser assez loin votre discrétion.

MÉNECHME, à Valentin.

Je ne sais ce que c'est, ou l'enfer me confonde !

FINETTE.

Votre portrait n'est pas dans cette boîte ronde ?

MENECHME.

Non, à moins que le diable, à me nuire obstiné,
Ne l'ait peint de sa main, et ne vous l'ait donné.

FINETTE, à part.

Quelle audace ! quel front ! Mais je veux le confondre.
Voyons à ce témoin ce qu'il pourra répondre.
(*Elle ouvre la boîte, et en montre le portrait à
Menechme.*)
Eh bien ! connoissez-vous ce visage et ces traits ?

MENECHME, *considérant le portrait.*

Comment diable ! c'est moi ! Qui l'eût pensé jamais ?
Ce sont mes yeux, mon air.

VALENTIN, *prenant le portrait.*

                      Voyons donc, je vous prie;
Mettons l'original auprès de la copie.
Par ma foi, c'est vous-même ; et vous voilà parlant :
Jamais peintre ne fit portrait si ressemblant.

MENECHME, *à part.*

Il entre là-dessous quelque sorcellerie;
Ou du moins j'entrevois quelque friponnerie.
Vous verrez qu'en venant par le coche, à leurs frais,
Ces deux coquines-là m'auront fait peindre exprès,

Pour me jouer ici quelque noir stratagème.

FINETTE, *à Menechme*.

Finissons, s'il vous plaît.

MENECHME.

Oh! finissez vous-même.
Allez apprendre ailleurs à connoître vos gens,
Et ne me rompez point la tête plus long-temps.

FINETTE.

Rendez donc le portrait.

MENECHME.

De qui?

FINETTE.

De ma maîtresse.

MENECHME, *la prenant par les épaules*.

Je ne sais ce que c'est. Passe vite, et me laisse.

FINETTE.

Savez-vous bien qu'avant de partir de ces lieux
Je pourrois bien, monsieur, vous arracher les yeux?

VALENTIN, *bas, à Menechme*.

Pour éviter, monsieur, de plus longue querelle,
Rendez-lui son portrait, et vous défaites d'elle.
Vous savez ce que c'est qu'une amante en courroux:
Les enfers déchaînés seroient cent fois plus doux.

MENECHME.

Mais, quand elle seroit mille fois plus diablesse,
Je ne la connois point, elle, ni sa maîtresse.

VALENTIN, *bas, à Finette.*

Quoi qu'il dise, l'amour lui tient encore au cœur :
Je vais le ramener un peu par la douceur.
Tu reviendras tantôt; je te ferai tout rendre.

FINETTE.

Eh bien! jusqu'à ce temps je veux encore attendre;
Mais, si l'on manque après à me faire raison,
Je reviens, et je mets le feu dans la maison.

SCÈNE IV.

MENECHME, VALENTIN.

MENECHME.

Mais peut-on sur les gens être tant acharnée?
Pour me persécuter l'enfer l'a déchaînée.

VALENTIN.

Quand on est, comme vous, jeune, aimable et bien fait,
A ces petits malheurs on est souvent sujet.
Entre amants, tel dépit n'est qu'une bagatelle;
Je veux, dès aujourd'hui, vous remettre avec elle.

SCÈNE V.

LE MARQUIS, VALENTIN, MENECHME.

VALENTIN, *à part.*

Mais je vois le Marquis; il tourne ici ses pas.

Les cent louis nous vont donner de l'embarras.

LE MARQUIS, *embrassant vivement Ménechme, qu'il prend pour le Chevalier.*

Eh! cadédis, mon cher, quelle hureuse fortune!
Qué jé t'embrasse.... encore.... et millé fois pour une
Quelqué contentément qué j'aie à té révoir,
Régardé-moi ; jé suis outré dé désespoir ;
Lé jour mé scandalise, et voudrois contré quatre,
Pour terminer mon sort, trouver sul à mé battre.

MENECHME.

Monsieur, je suis fâché de vous voir en courroux;
Mais je n'ai pas le temps de me battre avec vous.

LE MARQUIS.

Un coup dé pistolet mé séroit coup dé grâce ;
Jé voudrois qué quelqu'un m'écrasât sur la place.

MENECHME, *à part, à Valentin.*

Quel est ce Gascon-là ?

VALENTIN, *bas, à Menechme.*

C'est un de vos amis,
Sans doute, et des plus chers.

MENECHME, *bas, à Valentin.*

Jamais je ne le vis.

LE MARQUIS.

Jé sors d'uné maison qué la terre engloutisse,
Et qu'avec elle encor la nature périsse!
Où, jusqu'au dernier sou, j'ai quitté mon argent.

ACTE IV, SCÈNE V.

D'un maudit lansquenet lé caprice outrageant
M'oblige à té prier dé vouloir bien mé rendre
Cent louis qué dé moi lé bésoin té fit prendre.
Excuse si jé viens ici t'importuner ;
En l'état où jé suis, ou doit tout pardonner.

MENECHME.

Je vous pardonne tout; pardonnez-moi de même,
Si je dis qu'en ce point ma surprise est extrême.
Je ne vous connois point : comment auriez-vous pu
Me prêter cent louis, ne m'ayant jamais vu?

LE MARQUIS.

Quel est donc cé discours ? il mé passe. A l'entendre....

MENECHME.

Le vôtre est-il pour moi plus facile à comprendre ?

LE MARQUIS.

Vous né mé dévez pas cent louis?

MENECHME.

Non, ma foi;
Vous les avez prêtés à quelque autre qu'à moi.

LE MARQUIS.

Il né vous souvient pas qu'allant en Allémagne,
Étant vide d'argeut pour faire la campagne;
Sans âne, ni mulet, prêt à demeurer là....

MENECHME, *le contrefaisant.*

Jé né mé souviens pas d'un mot dé tout cela.

LE MARQUIS.

Vous vîntes mé trouver pour vous fairé ressource,
Et qué, sans déplacer, jé vous ouvris ma bourse?

MENECHME.

A moi? j'aurois perdu le sens et la raison,
De prétendre emprunter de l'argent d'un Gascon.

LE MARQUIS, *montrant Valentin.*

Cet hommé-ci présent peut rendré témoignage;
Il étoit avec vous, jé rémets son visage.

(*à Valentin.*)

Viens-çà, vélître; parle; oseras-tu nier
Cé qué son mauvais cœur tâche en vain d'oublier?

VALENTIN.

Monsieur....

LE MARQUIS.

Parle, ou ma main dé fureur possédée....

VALENTIN.

Il m'en vient dans l'esprit quelque confuse idée.

LE MARQUIS.

Quelqué confuse idée? oh! moi, j'en suis certain.
(*à Menechme.*)

Çà, monsur, mon argent, ou l'épée à la main.

MENECHME.

Quoi! pour ne vouloir pas vous donner cent pistoles,
Il faut que je me batte?

ACTE IV, SCÈNE V.

LE MARQUIS.

Un peu : trève aux paroles ;
Il mé faut des effets : vite, dépêchez-vous.

MENECHME.

Je ne suis point pressé : de grâce, expliquons-nous.

LE MARQUIS.

Point d'explication ; la chose est assez claire.

MENECHME.

Mais, monsieur....

LE MARQUIS.

Mais, monsur, il faut mé satisfaire.

MENECHME.

Vous satisfaire, moi ! mais je ne vous dois rien :
Faites-nous assigner, nous vous répondrons bien.

LE MARQUIS.

Quand on mé doit, voilà lé sergent qué jé porte.
(*Il met l'épée à la main.*)

MENECHME, *à part*.

Juste ciel ! quel brutal ! Si faut-il que j'en sorte.
(*haut.*)
Combien vous est-il dû ?

LE MARQUIS.

L'avez-vous oublié ?
Cent louis.

MENECHME.

Cent louis ! j'en paierai la moitié.

LE MARQUIS.

Qué jé dévienne atome, ou qu'à l'instant jé mure,
Si vous né mé payez lé tout dans un quart d'hure.

VALENTIN, *bas*, *à Menechme.*

Il nous tuera tous deux. Quand vous ne serez plus,
De quoi vous serviront soixante mille écus ?
Lui n'a plus rien à perdre.

MENECHME, *bas*, *à Valentin.*

Il est pourtant bien rude....

LE MARQUIS.

Qué dé réflexions, et qué d'incertitude !

MENECHME.

Si vous êtes si prompt, monsieur, tant pis pour vous ;
Il me faut plus de temps pour me mettre en courroux.
Je n'ai pas cent louis, mais en voilà soixante.

(*bas*, *à Valentin.*)

Tirez-moi de ses mains : faites qu'il se contente.

(*à part.*)

Ah ! si je n'avois pas hérité depuis peu,
Je me battrois en diable, et nous verrions beau jeu.

VALENTIN, *au Marquis.*

Voilà plus de moitié, monsieur, de votre dette ;
Demain l'on vous fera votre somme complète.

LE MARQUIS, *prenant la bourse.*

Adiu, monsur, adiu : je vous croyois du cur,
Et vous m'aviez fait voir des sentiments d'honnur :

Mais cetté occasion mé prouve lé contraire.
Né m'approchez jamais qué dé loin.... Plus d'affaire :
Jé sérois dégradé dé noblesse chez nous,
Si j'étois accosté d'un lâche tel qué vous.

SCÈNE VI.

MENECHME, VALENTIN.

MENECHME.

Je lui conseille encor de me chanter injure !
Où suis-je ? quel pays ! quel race parjure ! [commis,
Hommes, femmes, passants, marchands, Gascons,
Pour me faire enrager, tous semblent s'être unis.
Je n'en connois aucun; et tous, à les entendre,
Sont mes meilleurs amis, et viennent me surprendre.
Allons voir mon notaire; et sortons, si je puis,
Du coupe-gorge affreux et du bois ou je suis.

(*Il s'en va.*)

VALENTIN, *courant après lui.*

Vous ne voulez donc pas que je vous y conduise ?

MENECHME.

Je n'ai besoin de vous ni de votre entremise;
Je vous suis obligé des services rendus :
A tout autre qu'à moi je ne me fierai plus ;
Et j'appréhende encor, dans mon soupçon extrême,
D'être d'intelligence à me tromper moi-même.

SCÈNE VII.

VALENTIN, *seul*.

Le pauvre diable en a, par ma foi, tout son soûl ;
Il faudra qu'il décampe, ou qu'il devienne fou :
Pour peu de temps encor qu'en ces lieux il habite,
De tous ses créanciers mon maître sera quitte.

SCÈNE VIII.

LE CHEVALIER, VALENTIN.

LE CHEVALIER.

Ah ! mon cher Valentin, tu me vois hors de moi ;
Mon bonheur est si grand, qu'à peine je le croi.
J'ai reçu mon argent : regarde, je te prie,
Des billets que je tiens la force et l'énergie ;
Tous billets au porteur, des meilleurs de Paris ;
L'un de trois mille écus ; l'autre de neuf, de six,
De huit, de cinq, de sept. J'achèterois, je pense,
Deux ou trois marquisats des mieux rentés de France.

VALENTIN.

Quelle aubaine ! Le bien vous vient de toutes parts.
De grâce, laissez-moi promener mes regards
Sur ces billets moulés, dont l'usage est utile.
La belle impression ! les beaux noms ! le beau style !

Ce sont là les billets qu'il faut négocier,
Et non pas vos poulets, vos chiffons de papier,
Où l'amour se distille en de fades paroles,
Et qui ne sont partout pleins que de fariboles.

LE CHEVALIER.

Va, j'en connois le prix tout aussi bien que toi;
Mais jusqu'ici l'usage en fut peu fait pour moi :
J'espère à l'avenir m'en servir comme un autre.

VALENTIN.

Vous ignorez encor quel bonheur est le vôtre;
Votre frère pour vous vient encor d'être pris.
Le Marquis, qui jadis nous prêta cent louis,
Est venu brusquement lui demander la somme :
Votre frère, d'abord, a rembarré son homme;
Mais lui, sourd aux raisons qu'il a pu lui donner,
A voulu sur-le-champ le faire dégaîner.
Notre jumeau prudent n'en a voulu rien faire;
Et, mettant à profit mon conseil salutaire,
Il en a délivré plus de moitié comptant,
Que le Marquis a pris toujours en rabattant.

LE CHEVALIER.

Je lui suis obligé d'avoir payé mes dettes.

VALENTIN.

Vos obligations ne sont pas si parfaites;
Car avec Isabelle il vous a mis fort mal.

LE CHEVALIER.

Il l'a vue ?

VALENTIN.

Oui, vraiment. Il est un peu brutal,
Ainsi que j'ai tantôt eu l'honneur de vous dire;
Il a sur son chapitre étendu la satire,
Et tenu face à face un propos aigre-doux,
Qu'on met sur votre compte, et que l'on croit de vous
Isabelle est sortie à tel point courroucée....

LE CHEVALIER.

Il faut de cette erreur détromper sa pensée.

SCÈNE IX.

ISABELLE, LE CHEVALIER, VALENTIN.

LE CHEVALIER.

Mais je la vois paroître. Où tournez-vous vos pas,
Madame? où fuyez-vous?

ISABELLE, *traversant le théâtre.*

Où vous ne serez pas.

VALENTIN.

Voilà le quiproquo.

ISABELLE.

Je vais chez Araminte,
Lui dire que pour vous ma tendresse est éteinte,
Aimez-la, j'y consens; je fais vœu désormais

ACTE IV, SCÈNE IX.

De vous fuir comme un monstre, et ne vous voir jamais.

LE CHEVALIER.

Madame....

ISABELLE.

Pour le prix de l'ardeur la plus vive,
Je ne reçois de vous qu'injure et qu'invective ;
Je vous parois sans foi, sans esprit, sans appas.

LE CHEVALIER.

Madame, écoutez-moi.

ISABELLE.

Non, je ne comprends pas,
Si brutal que l'on soit, qu'on puisse avoir l'audace
De dire, de sang-froid, ces duretés en face.

LE CHEVALIER.

Vous saurez qu'en ces lieux....

ISABELLE.

Je ne veux rien savoir.

LE CHEVALIER.

C'est bien fait.

VALENTIN, *à Isabelle.*

Écoutez, sans tant vous émouvoir.

ISABELLE, *à Valentin.*

Veux-tu que je m'expose encore à ses sottises ?

VALENTIN.

Mon Dieu ! non. Sans sujet vous en venez aux prises.
Je vais dans un moment dissiper ce soupçon :

Tous deux vous avez tort, et vous avez raison.

ISABELLE.

Oh! pour moi, j'ai raison; toi-même, sois-en juge.

LE CHEVALIER.

Et moi, je n'ai pas tort.

VALENTIN.

Tout ce petit grabuge
Entre vous excité va finir en deux mots.
Monsieur vous a tantôt tenu certains propos
Assez durs, dites-vous?

ISABELLE.

Hors de toute croyance.

LE CHEVALIER.

Moi! je vous ai....

VALENTIN, *au Chevalier.*

Paix donc, point tant de pétulance.
Je ne dirai plus rien si vous parlez toujours.
(*à Isabelle.*)
L'homme qui vous a fait d'impertinents discours,
C'est lui, sans être lui ; ce n'est que son image,
De taille, de façon, de nom, et de visage ;
Et, quoique l'un soit l'autre, ils diffèrent entre eux;
Tous les deux ne font qu'un, et cependant sont deux.
Ainsi c'est l'autre lui, vêtu de ses dépouilles,
Le portrait de monsieur qui vous a chanté pouilles.

ACTE IV, SCÈNE IX.

ISABELLE.

De quels contes en l'air me fais-tu l'embarras ?

LE CHEVALIER.

Sans l'entendre parler, ne vous emportez pas.

VALENTIN.

La chose, j'en conviens, ne paroît pas trop claire :
Mais sachez que monsieur en ces lieux a son frère ;
Frère jumeau, semblable et d'habits et de traits,
Dont la langue a tantôt sur vous lancé ses traits.
Vous l'avez pris pour lui ; mais, quoiqu'il soit semblable,
L'autre est un faux brutal ; voici le véritable.

ISABELLE.

Quelque étrange que soit ce surprenant récit,
Je me plais à le croire ; il flatte mon esprit :
L'amour rend ma méprise et juste et raisonnable.

LE CHEVALIER.

Ce courroux à mes yeux vous rend plus adorable.
Souffrez que mon transport....

(*Il veut lui baiser la main.*)

ISABELLE.

Modérez ces désirs.

LE CHEVALIER.

Je me méprends aussi : transporté de plaisirs,
Je pousse un peu trop loin mes tendres entreprises.
Mais d'une et d'autre part oublions nos méprises.

VALENTIN, *montrant la marque au chapeau du Chevalier.*

Pour ne vous plus tromper, regardez ce signal;
Il doit dans l'embarras vous servir de fanal.
Mais n'allez pas tantôt par-devant le notaire
Épouser l'un pour l'autre, et prendre le contraire:
Vous apprendrez par-là quel est le vrai des deux.

ISABELLE.

Mon cœur me le dira bien plutôt que mes yeux.

LE CHEVALIER.

Quoi qu'aujourd'hui le ciel fasse pour ma fortune,
Sans ce cœur, j'y renonce, et je n'en veux aucune.

VALENTIN.

Trève de compliments. Quand vous serez époux,
Il vous sera permis de tout dire entre vous :
La gloire en d'autres lieux vous et moi nous appelle.
Que madame à présent en paix rentre chez elle.
Nous, courons au contrat; et qu'un heureux destin,
Comme il a commencé, mette l'affaire à fin.

FIN DU QUATRIÈME ACTE.

ACTE CINQUIÈME.

SCÈNE I.

ARAMINTE, FINETTE.

FINETTE.

Je vous dis vrai, madame; et je ne saurois croire
Que l'on puisse trouver une âme encor si noire.
Lorsque je l'ai pressé de rendre le portrait,
Il a voulu me battre, et l'auroit, je crois, fait,
Si son valet, plus doux, n'eût écarté l'orage.
Ah! madame, armez-vous d'un généreux courage;
Poursuivez votre pointe, et faites bien valoir
Les droits que la raison met en votre pouvoir.
Vous avez sa promesse, il faut qu'il l'accomplisse.

ARAMINTE.

Si je ne le fais pas, que le ciel me punisse!

FINETTE.

Il n'est plus ici-bas de foi, de probité,
Plus de loi, plus d'honneur, plus de sincérité.

Les filles, en ce temps si souvent attrapées,
Sur la foi des serments avoient été trompées;
Et, voulant mettre un frein au dégoût des amants,
Se faisoient d'un écrit confirmer les serments :
Mais que leur sert d'user de cette prévoyance,
Si les écrits trompeurs n'ont pas plus de puissance?
Je vois bien maintenant que, dans ce siècle ingrat,
Il ne faut se fier que sur un bon contrat.
Mais c'est notre destin; toujours, tant que nous somme
Nous serons le jouet et les dupes des hommes.

ARAMINTE.

Va, j'ai bien résolu, dans mon cœur courroucé,
De venger, si je puis, tout le sexe offensé.

FINETTE.

Quoi donc! il ne tiendra, pour engager le monde,
Qu'à venir étaler une perruque blonde!
Une tête éventée, un petit freluquet,
Qui s'admire lui seul, et n'a que du caquet,
Parce qu'il a bon air, et qu'on a le cœur tendre,
Impunément viendra nous plaire et nous surprendre
Nous fera par écrit sa déclaration,
Sans en venir après à la conclusion!
Non, c'est une noirceur qui crie au ciel vengeance
Il faut de cet abus réprimer la licence ;
Et, quand ce ne seroit que pour vous en venger,
Il faudroit l'épouser pour le faire enrager.

ARAMINTE.

Mais, s'il ne m'aime point, quel sera l'avantage
Que me procurera ce triste mariage?

FINETTE.

Est-ce donc pour s'aimer qu'on s'épouse à présent?
Cela fut bon du temps du monde adolescent;
Et j'en vois tous les jours qui ne font pas un crime
D'épouser sans amour, et même sans estime.
Il faut se marier : vous êtes dans un temps
Où les appas flétris s'effacent pour long-temps.
Ce conseil bienfaisant, que mon zèle vous donne,
Je voudrois l'appliquer a ma propre personne;
Et rester vieille fille est un mal plus affreux
Que tout ce que l'hymen a de plus dangereux.

SCÈNE II.

DÉMOPHON, ISABELLE, ARAMINTE, FINETTE.

DÉMOPHON.

Le hasard justement en ce lieu vous amène;
D'aller jusque chez vous il m'épargne la peine.

ARAMINTE.

Le hasard nous sert donc tous deux également,
Mon frère; car chez vous j'allois pareillement.
Vous m'épargnez des pas.

DÉMOPHON.

Toujours préoccupée,
N'êtes-vous point, ma sœur, encore détrompée?
Et ne voyez-vous pas que votre passion
N'est rien qu'une chimère et pure vision?
Finissez, croyez-moi; n'allez pas davantage
Traverser mes desseins; et montrez-vous plus sage.

ARAMINTE.

Sans rime ni raison vous babillez toujours,
Mais vous savez quel cas je fais de vos discours.
Menechme m'appartient; et voilà la promesse
Qu'il me fit de sa main, pour marquer sa tendresse.

DÉMOPHON.

Mais jusqu'où va, ma sœur, votre crédulité?

ARAMINTE.

Il est, vous dis-je, à moi; je l'ai bien acheté.
Entendez-vous, ma nièce?

ISABELLE.

Oui, sans doute, ma tan
J'entends bien.

ARAMINTE.

Sans mentir, vous êtes fort plaisante
De vouloir m'enlever un cœur comme le sien,
Et vous approprier si hardiment mon bien!
Un procédé pareil est sot et malhonnête.

ISABELLE.

Qui pourroit de vos mains ravir une conquête?
Quand on est une fois frappé de vos attraits,
Vos yeux vous sont garants qu'on ne change jamais :
Ce sont ces yeux charmants qui les volent aux autres.

ARAMINTE.

Mes yeux sont, pour le moins, aussi beaux que les vôtre
Et, lorsque nous voudrons les employer tous deux,
On verra qui de nous y réussira mieux.

DÉMOPHON.

Oh! je suis à la fin bien las de vous entendre.

SCÈNE III.

MENECHME, DÉMOPHON, ISABELLE, ARAMINTE, FINETTE.

DÉMOPHON.

Heureusement ici je vois venir mon gendre.
 (*à Menechme.*)
Vous n'amenez donc pas le notaire en ces lieux?

MENECHME.

J'ai cherché son logis en vain une heure ou deux,
Et je viens vous prier de m'y vouloir conduire.
Toujours quelque fâcheux a pris soin de me nuire.

DÉMOPHON.

Je l'attends; et je crois qu'il ne tardera pas.

MENECHME.

L'un, du bout de la place accourant à grands pas,
Comme le plus chéri de mes amis fidèles,
Me vient de ma santé demander des nouvelles;
Un autre, à toute force, et me serrant la main,
Me veut mener souper au cabaret prochain;
Celui-ci, m'arrêtant au détour d'une rue,
Me force à lui payer une dette inconnue;
Et de tous ces gens-là, me confonde l'enfer,
Si j'en connois aucun, non plus que Lucifer.

ARAMINTE, *à Menechme.*

Traître! c'en est donc fait; malgré ta foi donnée,
Tu te veux engager dans un autre hyménée,
Malgré tous tes serments, malgré ton premier choix!

MENECHME.

Ah! nous y voilà donc encore une autre fois!

ARAMINTE.

Tu me quittes, perfide, ingrat, cœur infidèle!
Tu te fais un plaisir de ma peine cruelle!
Tu me vois expirante, et cédant à mon sort,
Sans donner seulement une larme à ma mort!

(*Elle tombe sur Finette.*)

MENECHME.

Cette femme est sur moi rudement endiablée!
Il faut assurément qu'on l'ait ensorcelée.
Faudra-t-il que toujours je sois dans l'embarras

ACTE V, SCÈNE III.

De voir une furie attachée à mes pas?

FINETTE, *à Menechme.*

Vous, qui pour nous jadis eûtes tant de tendres
Verrez-vous dans mes bras expirer ma maîtress
Cette pauvre innocente a-t-elle mérité
Qu'on payât son amour de tant de cruauté?

MENECHME.

Qu'elle expire en tes bras, que le diable l'empo
Et te puisse avec elle entraîner, que m'importe?
Déja, pour mon repos, il devroit l'avoir fait.

ARAMINTE.

Perfide! je me veux venger de ton forfait.
J'ai ta promesse en main; voilà ta signature;
Je puis par ce témoin confondre l'imposture.

(*Démophon prend la prome*

MENECHME, *à Démophon.*

Elle est folle à tel point qu'on ne peut l'exprime
Travaillez au plus tôt à la faire enfermer.

DÉMOPHON, *lui montrant la promesse.*

(*bas.*)

Mais voilà votre nom « Menechme ». En confiden
Avez-vous avec elle eu quelque intelligence?
C'est ma sœur, et je puis assoupir tout cela.

MENECHME, *à part, à Démophon.*

Moi! si j'ai jamais vu ces deux friponnes-là,
Pardonnez-moi le mot; c'est votre sœur, n'import

Je veux bien à vos yeux et devant que je sorte
Que Satan.... Lucifer....

DÉMOPHON, *à part, à Menechme.*

Je vous crois sans jurer.

MENECHME.

Cette femme a fait vœu de me désespérer.
(*à Araminte.*)
Esprit, démon, lutin, ombre, femme, ou furie,
Qui que tu sois enfin, laisse-moi, je te prie.

SCÈNE IV.

ROBERTIN, MENECHME, DÉMOPHON, ISABELLE, ARAMINTE, FINETTE.

DÉMOPHON.

Ah! monsieur Robertin, vous venez justement,
Et nous vous attendons avec empressement.

ROBERTIN.

Je vois avec plaisir toute la compagnie,
Dans un jour plein de joie, en ce lieu réunie.
Je crois que ma présence ici ne déplaît pas,
Surtout à la future : elle a beaucoup d'appas;
Mais un époux bien fait, tel que l'amour lui donne,
Malgré tous ses attraits, manquoit à sa personne :
Elle n'a maintenant plus rien à désirer.

ACTE V, SCÈNE IV.

MENECHME.

Si ce n'est d'être veuve, et me voir enterrer :
C'est ce qui met le comble au bonheur d'une femme.

ISABELLE.

De pareils sentiments n'entrent point dans mon âme.

ROBERTIN, *à Isabelle.*

Monsieur ne pense pas aussi ce qu'il vous dit ;
Votre beauté le charme autant que votre esprit.
Je stipule pour lui que c'est un honnête homme.

MENECHME, *à Robertin.*

Vous vous moquez, monsieur.

ROBERTIN.

Et dans lui l'on renomme
La franchise du cœur qu'il a par préciput.

MENECHME, *à Robertin.*

Je voudrois pouvoir être avec vous but à but.
C'est vous qui des vertus êtes le protocole,
Et pour vous bien louer je n'ai point de parole.

ROBERTIN.

Puisque, comme je crois, vous êtes tous d'accord,
Il nous faut procéder.

ARAMINTE.

Rien ne presse si fort.
A ce bel hymen, moi, s'il vous plaît, je m'oppose ;
Et j'en ai dans les mains une très juste cause.

DÉMOPHON.

Vous direz vos raisons et vos griefs demain,
Ma sœur. Ne laissons pas d'aller notre chemin.

ROBERTIN.

Voici donc le contrat....

MENECHME.

Mais, monsieur le notaire,
Avant tout finissons une certaine affaire,
Qui plus que celle-là me tient sans doute au cœur.

ROBERTIN.

Tout ce qui vous convient est toujours le meilleur.
Je n'aurois pas usé de tant de diligence,
Si vous n'étiez venu chez moi me faire instance
De vouloir achever le contrat au plus tôt.

MENECHME.

Vous m'avez vu chez vous ?

ROBERTIN.

Oui, monsieur.

MENECHME.

Quand ?

ROBERTIN.

Tantôt...

MENECHME.

Qui ? moi ? moi ?

ROBERTIN.

Vous ; oui, vous : au logis où j'habite

ACTE V, SCÈNE IV.

Vous m'avez fait l'honneur de me rendre visite;
Mais je l'ai bien payé : soixante mille écus
N'ont pas rendu vos pas ni vos soins superflus.

MENECHME.

Entendons-nous un peu. Que voulez-vous donc dire?

ROBERTIN.

Vous vous divertissez, vous avez de quoi rire.

MENECHME.

Je ne ris nullement, et me fâche à la fin.
Ne vous nommez-vous pas, s'il vous plait, Robertin?

ROBERTIN.

Oui, l'on me nomme ainsi.

MENECHME.

N'êtes-vous pas notaire?

ROBERTIN.

Et de plus, honnête homme.

MENECHME.

Oh! c'est une autre affaire.
N'avez-vous pas chez vous soixante mille écus
A moi?

ROBERTIN.

Je les avois; mais je ne les ai plus.

MENECHME.

Comment donc?

ROBERTIN.

N'est-ce pas Menechme qu'on vous nomme?

MENECHME.

Sans doute.

ROBERTIN.

C'est à vous que j'ai remis la somme,
En bon argent comptant, ou billets au porteur,
Dont j'ai votre quittance; et c'est là le meilleur.

MENECHME.

Quoi! monsieur, vous auriez le front et l'insolence.....

ROBERTIN.

Quoi! monsieur, vous auriez l'audace et l'impudence....

MENECHME.

De dire que j'ai pris soixante mille écus?

ROBERTIN.

De nier hardiment de les avoir reçus?

MENECHME.

Voilà, je le confesse, un fourbe abominable.

ROBERTIN.

Voilà, je vous l'avoue, un homme détestable.

DÉMOPHON, *se mettant entre deux.*

Eh! messieurs, doucement; je suis pour vous honteux,
Et je ne sais ici qui croire de vous deux.

ISABELLE.

Monsieur pourroit-il bien avoir l'âme assez noire?...

ARAMINTE.

Oui, c'est un scélérat qui du crime fait gloire.

ACTE V, SCÈNE IV.

FINETTE.

Faites-lui son procès ; et, s'il en est besoin,
Je servirai toujours contre lui de témoin.

SCÈNE V.

MENECHME, VALENTIN, DÉMOPHON,
ARAMINTE, ISABELLE, ROBERTIN,
FINETTE.

VALENTIN.

Eh ! qu'est-ce donc, messieurs ? Voilà bien du grabuge !

MENECHME, *montrant Valentin.*

De notre différend cet homme sera juge ;
Il ne m'a point quitté ; je m'en rapporte à lui.
(à Valentin.)
Qu'il parle. Ai-je reçu quelque argent aujourd'hui
De monsieur que voilà ?

VALENTIN.

Sans doute, en belle espèce ;
Soixante mille écus, que votre oncle vous laisse,
Vous ont été comptés en argent ou valeur.

MENECHME, *le prenant au collet.*

Ah, maudit faux témoin ! malheureux imposteur !
Tu peux soutenir....

VALENTIN.

Oui, je soutiens que la somme

A tantôt été mise entre les mains d'un homme
Semblable à vous d'habit, de mine, de hauteur,
Qui prétend épouser la fille de monsieur ;
Il s'appelle Menechme, il est de Picardie ;
Et, si vous le niez, c'est une perfidie.
Je leverai la main de tout ce que j'ai dit.

ROBERTIN, *à Démophon.*

Vous voyez, s'il se peut un plus méchant esprit,
Plus noir, plus scélérat ! Hélas ! qu'alliez-vous faire ?
Je vous embarquois la dans une belle affaire !

DÉMOPHON, *à Menechme.*

Je vous prenois, monsieur, pour un homme de bien,
Mais je vois à présent que vous ne valez rien.

ARAMINTE.

Après ce qu'il m'a fait, il n'est point d'injustice,
De crimes, de noirceurs, dont il ne soit complice.

FINETTE, *à Menechme.*

Traître ! te voilà donc à la fin confondu !
Sans autre procédure il faut qu'il soit pendu.

MENECHME.

Non, je ne pense pas que l'enfer soit capable
De vomir sur la terre, en sa rage exécrable,
Des hommes, des démons si méchants que vous tous
Et.... je ne puis parler, tant je suis en courroux.

SCÈNE VI.

LE CHEVALIER, MENECHME, DÉMOPHON, ARAMINTE, ISABELLE, ROBERTIN, VALENTIN, FINETTE.

LE CHEVALIER, *à part.*

Ma présence, je crois, est ici nécessaire
Pour découvrir le fond d'un surprenant mystère.

DÉMOPHON, *apercevant le Chevalier.*

Qu'est-ce donc que je vois ?

ROBERTIN, *apercevant le Chevalier.*

Quel prodige en ces lieux !

ARAMINTE, *apercevant le Chevalier.*

Quelle aventure, ô ciel ! Dois-je en croire mes yeux ?

FINETTE, *apercevant le Chevalier.*

Madame, je ne sais si j'ai le regard trouble,
Si c'est quelque vapeur, mais enfin je vois double.

MENECHME, *apercevant le Chevalier.*

Quel objet se présente, et que me fait-on voir ?
C'est mon portrait qui marche, ou bien c'est mon miroir.

LE CHEVALIER, *à Menechme.*

Pourquoi prendre, monsieur, mon nom et ma figure ?
Je m'appelle Menechme, et c'est me faire injure.

MENECHME, *à part.*

Voilà, sur ma parole, encor quelque fripon !

(*au Chevalier.*)

Et de quel droit, monsieur, me volez-vous mon nom
Je ne m'avise point d'aller prendre le vôtre.

LE CHEVALIER.

Pour moi, dès le berceau je n'en ai point eu d'autre.

MENECHME.

Mon père, en son vivant, se fit nommer ainsi.

LE CHEVALIER.

Le mien, tant qu'il vécut, porta ce nom aussi.

MENECHME.

En accouchant de moi l'on vit mourir ma mère.

LE CHEVALIER.

La mienne est morte aussi de la même manière.

MENECHME.

Je suis de Picardie.

LE CHEVALIER.

Et moi pareillement.

MENECHME.

J'avois un certain frère, un mauvais garnement,
Et dont depuis quinze ans je n'ai nouvelle aucune.

LE CHEVALIER.

Du mien, depuis ce temps, j'ignore la fortune.

MENECHME.

Ce frère, étant jumeau, dans tout me ressembloit.

LE CHEVALIER.

Le mien est mon image, et qui me voit le voit.

ACTE V, SCÈNE VI.

MENECHME.

Mais vous qui me parlez, n'êtes-vous point ce frère ?

LE CHEVALIER.

C'est vous qui l'avez dit : voilà tout le mystère.

MENECHME.

Est-il possible ? ô ciel !

LE CHEVALIER.

Que cet embrassement
Vous témoigne ma joie et mon ravissement.
Mon frère, est-ce bien vous ? Quelle heureuse rencontre !
Se peut-il qu'à mes yeux la fortune vous montre ?

MENECHME.

Mon frère, en vérité.... je m'en réjouis fort :
Mais j'avois cependant compté sur votre mort.

FINETTE, *à Araminte.*

En tout ceci, madame, il n'y va rien du nôtre ;
Quoi qu'il puisse arriver, nous aurons l'un ou l'autre.

DÉMOPHON.

L'incident que je vois, certes, n'est pas commun.
(*à Isabelle.*)
Il te faut un époux ; en voilà deux pour un ;
Choisis le bon pour toi, ma fille, et te contente.

ISABELLE, *reconnoissant la marque du chapeau
du Chevalier.*

Puisque vous m'accordez le choix qui se présente,

Portée également de l'une et l'autre part,
(*Elle donne la main au Chevalier.*)
Je prends monsieur : il faut en courir le hasard.

ARAMINTE, *prenant Menechme par le bras.*
Et moi, je prends monsieur.

MENECHME, *à Araminte.*
Il semble, à vous entendre,
Que vous n'ayez ici qu'à vous baisser et prendre.

VALENTIN, *prenant Finette par le bras.*
Puisque chacun ici prend ce qui lui convient,
Par droit d'aubaine aussi Finette m'appartient.

ROBERTIN, *prenant les deux frères par le bras.*
Moi, je vous prends tous deux. Je veux que l'on m'inst
En quelles mains enfin cette somme est remise.
L'un de vous a touché soixante mille écus.

LE CHEVALIER, *à Robertin.*
N'en soyez point en peine, et je les ai reçus.
C'est moi qui, pour la mienne, ayant pris sa valise,
Ai su me prévaloir d'une heureuse méprise ;
C'est lui qui, pour un legs, vient d'arriver ici ;
C'est moi qu'on a cru mort, et qui m'en suis saisi ;
C'est moi qui, dans l'ardeur d'une feinte tendresse,
(*montrant Araminte.*)
A madame autrefois ai fait une promesse ;
Et c'est moi qui depuis, brûlant des plus beaux feux,
A l'aimable Isabelle ai porté tous mes vœux.

ACTE V, SCÈNE VI.

MENECHME.

Vous m'avez donc trahi, vous, monsieur le notaire?

ROBERTIN.

Je n'ai rien fait de mal dans toute cette affaire ;
Et j'ai du testateur suivi l'intention.
Il laisse à son neveu cette succession :
Monsieur l'est comme vous ; vous n'avez rien à dire.

LE CHEVALIER.

Aux arrêts du destin, mon frère, il faut souscrire :
Mais vous aurez bientôt tout lieu d'être content,
Pourvu que, sans éclat, vous vouliez à l'instant,
En épousant madame, acquitter ma parole.

MENECHME.

Comment donc! voulez-vous que j'épouse une folle?

ARAMINTE, *au Chevalier.*

Et de quel droit, monsieur, me faites-vous la loi ?
Je vous trouve plaisant de disposer de moi !

LE CHEVALIER, *à Menechme et à Araminte.*

Suivez tous deux l'avis d'un homme qui vous aime.
Vous vouliez m'épouser ; c'est un autre moi-même ;
Et pour vous faire voir quelle est mon amitié,
De la succession recevez la moitié :
Que trente mille écus facilitent l'affaire.

MENECHME, *embrassant le Chevalier.*

A ce dernier trait-là je reconnois mon frère.

(à *Araminte*.)

Çà, ma reine, épousons, malgré notre discord.
Nous nous sommes tous deux chanté pouilles à tort,
Moi, vous nommant friponne, et vous, m'appelant traîti
Nous n'avions pas, pour lors, l'honneur de nous connoît
Bien d'autres avant nous, en formant ce lien,
S'en sont dit tout autant, et se connoissoient bien.

FINETTE.

Moi, quand ce ne seroit que pour la ressemblance,
Je voudrois l'épouser, sans tant de résistance.

ARAMINTE.

Si je pouvois un jour me résoudre à ce choix,
Je le ferois exprès pour vous punir tous trois.
Vous n'avez, je le vois, que mon bien seul en vue;
Mais, en me mariant, votre attente est déçue.
Oui, je l'épouserai, pour me venger de vous,
Lui donner tout mon bien, et vous désoler tous.

MENECHME.

Ce sera très bien fait.

DÉMOPHON, *au Chevalier*.

Vous, acceptez ma fille,
Puisqu'un coup de hasard vous met dans ma famille.
Je voulois un Menechme; en lui donnant la main,
Vous ne changerez rien à mon premier dessein.

LE CHEVALIER.

Dans l'excès du bonheur que le destin m'envoie,

ACTE V, SCÈNE VI.

Mon cœur ne peut suffire à contenir sa joie.

VALENTIN.

Chacun, Finette, ici songe à se marier;
Marions-nous aussi pour nous désennuyer.

FINETTE.

A ne t'en pas mentir, j'en aurois grande envie;
Mais je crains....

VALENTIN.

Que crains-tu?

FINETTE.

De faire une folie.

VALENTIN.

J'en fais une cent fois bien plus grande que toi,
Et je ne laisse pas de te donner ma foi.
(*aux auditeurs*.)
Messieurs, j'ai réussi dans l'hymen qui s'apprête;
De myrte et de laurier je vais ceindre ma tête :
Mais si je méritois vos applaudissements,
Ce jour mettroit le comble à mes contentements.

FIN DES MENECHMES.

LE LÉGATAIRE

UNIVERSEL,

COMÉDIE

EN CINQ ACTES, ET EN VERS.

PERSONNAGES.

GÉRONTE, oncle d'Éraste.
ÉRASTE, amant d'Isabelle.
Mme ARGANTE, mère d'Isabelle.
ISABELLE, fille de Mme Argante.
LISETTE, servante de Géronte.
CRISPIN, valet d'Éraste.
M. CLISTOREL, apothicaire.
M. SCRUPULE, }
M. GASPARD,   } notaires.
UN LAQUAIS.

La scène est à Paris, chez M. Géronte.

LE LÉGATAIRE UNIVERSEL,

COMÉDIE.

ACTE PREMIER.

SCÈNE I.

LISETTE, CRISPIN.

LISETTE.

Bonjour, Crispin, bonjour.

CRISPIN.

Bonjour, belle Lisette.
Mon maître, toujours plein du soin qui l'inquiète,
M'envoie, à ton lever, zélé collatéral,
Savoir comment son oncle a passé la nuit.

LISETTE.

Mal.

CRISPIN.

Le bon homme, chargé de fluxions et d'années,

Lutte depuis long-temps contre les destinées,
Et pare de la mort le trait fatal en vain ;
Il n'évitera pas celui du médecin :
Il garde le dernier ; et ce corps cacochyme
Est à son art fatal dévoué pour victime.
Nous prévoyons, dans peu, qu'un petit ou grand deuil
Étendra de son long Géronte en un cercueil.
Si mon maître pouvoit être fait légataire,
Je ferois de bon cœur les frais du luminaire.

LISETTE.

Un remède par moi lui vient d'être donné,
Tel que l'apothicaire en avoit ordonné.
J'ai cru que ce seroit le dernier de sa vie ;
Il est tombé sur moi deux fois en léthargie.

CRISPIN.

De ses bouillons de bouche, et des postérieurs,
Tu prends soin ?

LISETTE.

De ma main il les trouve meilleurs.
Aussi, sans me targuer d'une vaine science,
J'entends ce métier-là mieux que fille de France.

CRISPIN.

Peste, le beau talent ! tu te fais bien payer,
Je crois, de tous les soins qu'il te fait employer.

LISETTE.

Il ne me donne rien ; mais j'ai, pour récompense,

ACTE I, SCÈNE I.

Le droit de lui parler avec toute licence ;
Je lui dis, à son nez, des mots assez piquants :
Voilà tous les profits que j'ai depuis cinq ans.
C'est le plus ladre vert qu'on ait vu de la vie :
Je ne puis exprimer où va sa vilenie.
Il trouve tous les jours dans son fécond cerveau
Quelque trait d'avarice admirable et nouveau.
Il a, pour médecin, pris un apothicaire
Pas plus haut que ma jambe, et de taille sommaire :
Il croit qu'étant petit, il lui faut moins d'argent :
Et, qu'attendu sa taille, il ne paiera pas tant.

CRISPIN.

S'il est court, il fera de très longues parties.

LISETTE.

Mais dans son testament ses grâces départies
Doivent me racquitter de son avare humeur :
Ainsi je renouvelle avec soin mon ardeur.

CRISPIN.

Il fait son testament ?

LISETTE.

Dans peu de temps j'espère
Y voir coucher mon nom en riche caractère.

CRISPIN.

C'est très bien espérer : j'espère bien encor
Y voir aussi coucher le mien en lettres d'or.

LISETTE.

Tout beau, l'ami, tout beau ! l'on diroit à t'entendre,
Qu'à la succession tu peux aussi prétendre.
Déjà ne sont-ils pas assez de concurrents,
Sans t'aller mettre encore au rang des aspirants ?
Il a tant d'héritiers, le bon seigneur Géronte,
Il en a tant et tant, que parfois j'en ai honte :
Des oncles, des neveux, des nièces, des cousins,
Des arrière-cousins remués des germains.
J'en comptai l'autre jour, en lignes paternelles,
Cent sept mâles vivants ; juge encor des femelles.

CRISPIN.

Oui ! mais mon maître aspire à la plus grosse part.
J'en pourrois bien aussi tirer ma quote-part ;
Je suis un peu parent, et tiens à la famille.

LISETTE.

Toi ?

CRISPIN.

Ma première femme étoit assez gentille,
Une Bretonne vive, et coquette surtout,
Qu'Éraste, que je sers, trouvoit fort à son goût.
Je crois, comme toujours il fut aimé des dames,
Que nous pourrions bien être alliés par les femmes ;
Et de monsieur Géronte il s'en faudroit bien peu
Que par là je ne fusse un arrière-neveu.

ACTE I, SCÈNE I.

LISETTE.

Oui-da; tu peux passer pour parent de campagne,
Ou pour neveu, suivant la mode de Bretagne.

CRISPIN.

Mais, raillerie à part, nous avons grand besoin
Qu'à faire un testament Géronte prenne soin.
Si mon maître, *primò*, n'est nommé légataire,
Le reste de ses jours il fera maigre chère;
Secundò, quoiqu'il soit diablement amoureux,
Madame Argante, avant de couronner ses feux,
Et de le marier à sa fille Isabelle,
Veut qu'un bon testament, bien sûr et bien fidèle,
Fasse ledit neveu légataire de tout.
Mais ce qui doit le plus être de notre goût,
C'est qu'Éraste nous fait trois cents livres de rente,
Si nous réussissons au gré de son attente:
Ce don de notre hymen formera les liens.
Ainsi tant de raisons sont autant de moyens
Que j'emploie à prouver qu'il est très nécessaire
Que le susdit neveu soit nommé légataire;
Et je conclus enfin qu'il faut conjointement
Agir pour arriver au susdit testament.

LISETTE.

Comment diable! Crispin, tu plaides comme un ange!

CRISPIN.

Je le crois. Mon talent te paroît-il étrange?

J'ai brillé dans l'étude avec assez d'honneur,
Et l'on m'a vu trois ans clerc chez un procureur.
Sa femme étoit jolie; et, dans quelques affaires,
Nous jugions à huis clos de petits commissaires.

LISETTE.

La boutique étoit bonne. Eh! pourquoi la quitter?

CRISPIN.

L'époux, un peu jaloux, m'en a fait déserter.
Un procureur n'est pas un homme fort traitable.
Sur sa femme il m'a fait des chicanes de diable;
J'ai bataillé, ma foi, deux ans, sans en sortir;
Mais je fus à la fin contraint de déguerpir.

SCÈNE II.

ÉRASTE, CRISPIN, LISETTE.

CRISPIN.

Mais mon maître paroît.

ÉRASTE.

Ah! te voilà, Lisette!
Guéris-moi, si tu peux, du soin qui m'inquiète.
Eh bien! mon oncle est-il en état d'être vu?

LISETTE.

Ah, monsieur! depuis hier il est encor déchu;
J'ai cru que cette nuit seroit sa nuit dernière,
Et que je fermerois pour jamais sa paupière.

ACTE I, SCÈNE II.

Les lettres de répit qu'il prend contre la mort
Ne lui serviront guère, ou je me trompe fort.

ÉRASTE.

Ah ciel! que dis-tu là?

LISETTE.

C'est la vérité pure.

ÉRASTE.

Quel que soit mon espoir, je sens que la nature
Excite dans mon cœur de tristes sentiments.

CRISPIN.

Je sentis autrefois les mêmes mouvements,
Quand ma femme passa les rives du Cocyte,
Pour aller en bateau rendre aux défunts visite.
J'en avois dans le cœur un plaisir plein d'appas,
Comme tant de maris l'auroient en pareil cas;
Cependant la nature, excitant la tristesse,
Faisoit quelque conflit avecque l'allégresse,
Qui, par certains ressorts et mélanges confus,
Combattoient tour à tour, et prenoient le dessus;
En sorte que l'espoir.... la douleur légitime....
L'amour.... On sent cela bien mieux qu'on ne l'exprime.
Mais ce que je puis dire, en vous accusant vrai,
C'est que, tout à la fois, j'étois et triste et gai.

ÉRASTE.

Je ressens pour mon oncle une amitié sincère;
Je donne dans son sens en tout pour lui complaire,

Quoi qu'il dise ou qu'il fasse, ayant le droit ou non,
Je conviens avec lui qu'il a toujours raison.

LISETTE.

Il faut que le vieillard soit mal dans ses affaires,
Puisqu'il m'a commandé d'aller chez deux notaires.

CRISPIN.

Deux notaires, hélas ! cela me fend le cœur.

LISETTE.

C'est pour instrumenter avecque plus d'honneur.

ÉRASTE.

Eh ! dis-moi, mon enfant, en pleine confidence,
Puis-je, sans me flatter, former quelque espérance ?

LISETTE.

Elle est très bien fondée ; et, depuis quelques jours,
Avec madame Argante il tient certains discours,
Où l'on parle tout bas de legs, de mariage :
Je n'ai de leur dessein rien appris davantage.
Votre maîtresse est mise aussi de l'entretien.
Pour moi, je crois qu'il veut vous laisser tout son bien,
Et vous faire épouser Isabelle.

ÉRASTE.

Ah, Lisette !
Que tu flattes mes sens ! que ma joie est parfaite !
Ce n'est point l'intérêt qui m'anime aujourd'hui ;
Un dieu beaucoup plus fort et plus puissant que lui,
L'Amour, parle en mon cœur : la charmante Isabelle

Est de tous mes désirs une cause plus belle,
Et pour le testament me fait faire des vœux....

LISETTE.

L'amour et l'intérêt seront contents tous deux.
Seroit-il juste aussi qu'un si bel héritage
De cent cohéritiers devînt le sot partage ?
Verrois-je d'un œil sec déchirer par lambeaux
Par tant de campagnards, de pieds plats, de nigauds,
Une succession qui doit, par parenthèse,
Vous rendre un jour heureux, et nous mettre à notre aise ?
Car vous savez, monsieur....

ÉRASTE.

Va, tranquillise-toi ;
Ce que j'ai dit est dit ; repose-toi sur moi.

LISETTE.

Si votre oncle vous fait le bien qu'il se propose,
Sans trop vanter mes soins, j'en suis un peu la cause :
Je lui dis tous les jours qu'il n'a point de neveux
Plus doux, plus complaisants, ni plus respectueux,
Non par l'espoir du bien que vous pouvez attendre,
Mais par un naturel et délicat et tendre.

CRISPIN.

Que cette fille-là connoît bien votre cœur !
Vous ne sauriez, ma foi, trop payer son ardeur.
Je dois dans peu de temps contracter avec elle :
Regardez-la, monsieur ; elle est et jeune et belle :

N'allez pas en user comme de l'autre, non!

LISETTE.

Monsieur Géronte vient ; il faut changer de ton.
Je n'ai point eu le temps d'aller chez les notaires.
Toi qui m'as trop long-temps parlé de tes affaires,
Va vite, cours, dis-leur qu'ils soient prêts au besoin.
L'un s'appelle Gaspard, et demeure à ce coin ;
Et l'autre un peu plus bas, et se nomme Scrupule.

CRISPIN.

Voilà pour un notaire un nom bien ridicule.

SCÈNE III.

GÉRONTE, ÉRASTE, LISETTE, UN LAQUAIS.

GÉRONTE.

Ah ! bonjour, mon neveu.

ÉRASTE.

Je suis, en vérité,
Charmé de vous revoir en meilleure santé.
De grâce, asseyez-vous.

(*Le Laquais apporte une chaise.*)

ÉRASTE.

Ote donc cette chaise ;
Mon oncle en ce fauteuil sera plus à son aise.

(*Le Laquais ôte la chaise, apporte un fauteuil,
et sort.*)

SCÈNE IV.

GÉRONTE, ÉRASTE, LISETTE.

GÉRONTE.

J'ai, cette nuit, été secoué comme il faut,
Et je viens d'essuyer un dangereux assaut :
Un pareil, à coup sûr, emporteroit la place.

ÉRASTE.

Vous voilà beaucoup mieux : et le ciel, par sa grâce,
Pour vos jours en péril nous permet d'espérer.
Il faut présentement songer à réparer
Les désordres qu'a pu causer la maladie,
Vous faire désormais un régime de vie,
Prendre de bons bouillons, de sûrs confortatifs,
Nettoyer l'estomac par de bons purgatifs,
Enfin, ne vous laisser manquer de nulles choses.

GÉRONTE.

Oui, j'aimerois assez ce que tu me proposes ;
Mais il faut tant d'argent pour se faire soigner,
Que, puisqu'il faut mourir, autant vaut l'épargner.
Ces porteurs de seringue ont pris des airs si rogues !...
Ce n'est qu'au poids de l'or qu'on achète leurs drogues
Qui pourroit s'en passer, et mourir tout d'un coup,
De son vivant, sans doute, épargneroit beaucoup.

ÉRASTE.

Oui, vous avez raison ; c'est une tyrannie :

Mais je ferai les frais de votre maladie.
La santé dans le monde étant le premier bien,
Un homme de bon sens n'y doit ménager rien.
De vos maux négligés vous guérirez sans doute.
Tâchons à réparer les forces, quoi qu'il coûte.

GÉRONTE.

C'est tout argent perdu dans cette occasion;
La maison ne vaut pas la réparation.
Je veux, mon cher neveu, mettre ordre à mes affaires.
(à Lisette.)
As-tu dit qu'on allât me chercher deux notaires?

LISETTE.

Oui, monsieur, et dans peu vous les verrez ici.

GÉRONTE.

Et dans peu vous saurez mes sentiments aussi;
Je veux, en bon parent, vous les faire connoître.

ÉRASTE.

Je me doute à peu près de ce que ce peut être.

GÉRONTE.

J'ai des collatéraux....

LISETTE.

   Oui vraiment, et beaucoup.

GÉRONTE.

Qui, d'un regard avide, et d'une dent de loup,
Dans le fond de leur cœur dévorent par avance

ACTE I, SCÈNE IV.

Une succession qui fait leur espérance.
ÉRASTE.
Ne me confondez pas, mon oncle, s'il vous plaît,
Avec de tels parents.
GÉRONTE.
      Je sais ce qu'il en est.
ÉRASTE.
Votre santé me touche, et me plaît davantage
Que tout l'or qui pourroit me tomber en partage.
GÉRONTE.
J'en suis persuadé. Je voudrois me venger
D'un vain tas d'héritiers, et les faire enrager ;
Choisir une personne honnête, et qui me plaise,
Pour lui laisser mon bien, et la mettre à son aise.
ÉRASTE.
Vous devez là-dessus suivre votre désir.
LISETTE.
Non, je ne comprends pas de plus charmant plaisir
Que de voir d'héritiers une troupe affligée,
Le maintien interdit, et la mine allongée,
Lire un long testament où, pâles, étonnés,
On leur laisse un bonsoir avec un pied de nez :
Pour voir au naturel leur tristesse profonde,
Je reviendrois, je crois, exprès de l'autre monde.
GÉRONTE.
Quoique déjà je sois atteint et convaincu,

Par les maux que je sens, d'avoir long-temps vécu ;
Quoiqu'un sable brûlant cause ma néphrétique,
Que j'endure les maux d'une âcre sciatique,
Qui, malgré le bâton que je porte en tout lieu,
Fait souvent qu'en marchant je dissimule un peu,
Je suis plus vigoureux que l'on ne s'imagine,
Et je vois bien des gens se tromper à ma mine.

LISETTE.

Il est de certains jours de barbe où, sur ma foi,
Vous ne paroissez pas plus malade que moi.

GÉRONTE.

Est-il vrai?

LISETTE.

   Dans vos yeux un certain éclat brille.

GÉRONTE.

J'ai toujours reconnu du bon dans cette fille.
Je veux pourtant songer à mettre ordre à mon bien,
Avant qu'un prompt trépas m'en ôte le moyen.
Tu connois et tu vois parfois madame Argante?

ÉRASTE.

Oui : dans ses procédés elle est toute charmante.

GÉRONTE.

Et sa fille Isabelle, euh! la connois-tu?

ÉRASTE.

        Fort.
C'est une fille sage, et qui charme d'abord.

ACTE I, SCÈNE IV.

GÉRONTE.

Tu conviens que le ciel a versé dans son âme
Les qualités qu'on doit chercher en une femme?

ÉRASTE.

Je ne vois point d'objet plus digne d'aucuns vœux,
Ni de fille plus propre à rendre un homme heureux.

GÉRONTE.

Je m'en vais l'épouser.

ÉRASTE.

Vous, mon oncle?

GÉRONTE.

Moi-même.

ÉRASTE.

J'en ai, je vous l'avoue, une allégresse extrême.

LISETTE.

Miséricorde! hélas! ah ciel! assistez-nous.
De quelle malheureuse allez-vous être époux?

GÉRONTE.

D'Isabelle, en ce jour; et, par ce mariage,
Je lui donne, à ma mort, tout mon bien en partage.

ÉRASTE.

Vous ne pouvez mieux faire, et j'en suis très content;
Je voudrois, comme vous, en pouvoir faire autant.

LISETTE.

Quoi! vous, vieux et cassé, fiévreux, épileptique,
Paralytique, étique, asthmatique, hydropique,

17.

Vous voulez de l'hymen allumer le flambeau,
Et ne faire qu'un saut de la noce au tombeau!

GÉRONTE.

Je sais ce qu'il me faut : apprenez, je vous prie,
Que même ma santé veut que je me marie.
Je prends une compagne, et de qui tous les jours
Je pourrai dans mes maux tirer de grands secours.
Que me sert-il d'avoir une avide cohorte
D'héritiers, qui toujours veille et dort à ma porte;
De gens qui, furetant les clefs du coffre-fort,
Me détendront mon lit peut-être avant ma mort?
Une femme, au contraire, à son devoir fidèle,
Par des soins conjugaux me marquera son zèle;
Et, de son chaste amour recueillant tout le fruit,
Je me verrai mourir en repos et sans bruit.

ÉRASTE.

Mon oncle parle juste, et ne sauroit mieux faire
Que de se ménager un secours nécessaire :
Une femme économe et pleine de raison
Prendra seule le soin de toute la maison.

GÉRONTE, *l'embrassant.*

Ah, le joli garçon! Aurois-je dû m'attendre
Qu'il eût pris cette affaire ainsi qu'on lui voit prendre?

ÉRASTE.

Votre bien seul m'est cher.

GÉRONTE.

      Va, tu n'y perdras rien :
Quoi qu'il puisse arriver, je te ferai du bien ;
Et tu ne seras pas frustré de ton attente.

SCÈNE V.

GÉRONTE, ÉRASTE, LISETTE, un Laquais.

GÉRONTE.

Mais quelqu'un vient ici.

UN LAQUAIS.

     Monsieur, madame Argante
Et sa fille sont là.

ÉRASTE.

    Je vais les amener.

          (*Il sort.*)

SCÈNE VI.

GÉRONTE, LISETTE, LE LAQUAIS.

GÉRONTE, *à Lisette.*

Mon chapeau, ma perruque.

LISETTE.

      On va vous les donner.
Les voilà.

GÉRONTE.

Ne va pas leur parler, je te prie,
Ni de mon lavement, ni de ma léthargie.

LISETTE.

Elles ont toutes deux bon nez ; dans un moment
Elles le sentiront de reste assurément.

SCÈNE VII.

Mme ARGANTE, ISABELLE, GÉRONTE,
ÉRASTE, LISETTE, LE LAQUAIS.

Mme ARGANTE.

Nous avons, ce matin, appris de vos nouvelles,
Qui nous ont mis pour vous en des peines mortelles :
Vous avez, ce dit-on, très mal passé la nuit.

GÉRONTE.

Ce sont mes héritiers qui font courir ce bruit ;
Ils me voudroient déjà voir dans la sépulture :
Je ne me suis jamais mieux porté, je vous jure.

ÉRASTE.

Mon oncle a le visage, ou du moins peu s'en faut,
D'un galant de trente ans.

LISETTE, *à part.*

Oui, qui mourra bientôt.

GÉRONTE.

Je serois bien malade, et plus qu'à l'agonie,

Si des yeux aussi beaux ne me rendoient la vie.
Mme ARGANTE.
Ma fille, en ce moment vous voyez devant vous
Celui que je vous ai destiné pour époux.
GÉRONTE.
Oui, madame, c'est vous (pour le moins je m'en flatte)
Qui guérirez mes maux mieux qu'un autre Hippocrate.
Vous êtes pour mon cœur comme un julep futur,
Qui doit le nettoyer de ce qu'il a d'impur ;
Mon hymen avec vous est un sûr émétique ;
Et je vous prends enfin pour mon dernier topique.
ISABELLE.
Je ne sais pas, monsieur, pour quoi vous me prenez ;
Mais ce choix m'interdit, et vous me surprenez.
Mme ARGANTE.
Monsieur, vous épousant, vous fait un avantage
Qui doit faire oublier et ses maux et son âge ;
Et vous n'aurez pas lieu de vous en repentir.
ISABELLE.
Madame, le devoir m'y fera consentir ;
Mais peut-être monsieur, par cette loi sévère,
Ne trouvera-t-il pas en moi ce qu'il espère.
Je sais ce que je suis, et le peu que je vaux
Pour être, comme il dit, un remède à ses maux ;
Il se trompe bien fort, s'il prétend, sur ma mine,

Devoir trouver en moi toute la médecine.
Je connois bien mes yeux; ils ne feront jamais
Une si belle cure et de si grands effets.

####### ÉRASTE.

Au pouvoir de ces yeux je rends plus de justice.

####### GÉRONTE.

Au feu que je ressens si l'amour est propice,
Avant qu'il soit neuf mois, sans trop me signaler,
Tous mes collatéraux auront à qui parler :
Dans le monde on saura, dans peu, de mes nouvelles.

####### LISETTE, *à part*.

Ah! par ma foi, je crois qu'il en fera de belles.
(*haut.*)
Si le diable vous tente, et vous veut marier,
Qu'il cherche un autre objet pour vous apparier.
Je m'en rapporte à vous : madame est vive et belle :
Il lui faut un époux qui soit aussi vif qu'elle,
Bien fait, et de bon air, qui n'ait pas vingt-cinq ans
Vous, vous êtes majeur, et depuis très long-temps.
A votre âge, doit-on parler de mariages?
Employez le notaire à de meilleurs usages.
C'est un bon testament, un testament, morbleu,
Bien fait, bien cimenté, qui doit vous tenir lieu
De tendresse, d'amour, de désir, de ménage,
De femme, de contrats, d'enfants, de mariage.
J'ai parlé; je me tais.

ACTE I, SCÈNE VII.

GÉRONTE.

Vraiment, c'est fort bien fait :
Qui vous a donc si bien affilé le caquet ?

LISETTE.

La raison.

GÉRONTE, *à madame Argante et à Isabelle.*

De ses airs ne soyez point blessées ;
Elle me dit parfois librement ses pensées :
Je le souffre en faveur de quelques bons talents.

LISETTE.

Je ne sais ce que c'est que de flatter les gens.

ÉRASTE.

Vous avez très grand tort de parler de la sorte ;
Je voudrois me porter comme monsieur se porte.
Il veut se marier ; et n'a-t-il pas raison
D'avoir un héritier, s'il peut, de sa façon ?
Quoi ! refusera-t-il une aimable personne
Que son heureux destin lui réserve et lui donne ?
Ah ! le ciel m'est témoin, si je voudrois jamais
De sort plus glorieux pour combler mes souhaits !

ISABELLE.

Vous me conseillez donc de conclure l'affaire ?

ÉRASTE.

Je crois qu'en vérité vous ne sauriez mieux faire.

ISABELLE.

Vos conseils amoureux et vos rares avis,

Puisque vous le voulez, monsieur, seront suivis.

Mme ARGANTE.

Ma fille sait toujours obéir quand j'ordonne.

ÉRASTE.

Oui, je vous soutiens, moi, qu'une jeune personne,
Malgré sa répugnance et l'orgueil de ses sens,
Doit suivre aveuglément le choix de ses parents :
Et mon oncle, après tout, n'a pas un si grand âge
A devoir renoncer encore au mariage ;
Et soixante et huit ans, est-ce un si grand déclin
Pour....

GÉRONTE.

Je ne les aurai qu'à la Saint-Jean prochain.

LISETTE.

Il a souffert le choc de deux apoplexies,
Qui ne sont, par bonheur, que deux paralysies ;
Et tous les médecins qui connoissent ses maux
Ont juré Galien, qu'à son retour des eaux
Il n'auroit sûrement ni goutte sciatique,
Ni gravelle, ni point, ni toux, ni néphrétique.

GÉRONTE.

Ils m'ont même assuré que, dans fort peu de temps,
Je pourrois de mon chef avoir quelques enfants.

LISETTE.

Je ne suis médecin non plus qu'apothicaire,
Et je jurerois, moi, cependant du contraire.

GÉRONTE, *bas, à Lisette.*

Lisette, le remède agit à certain point....

LISETTE.

En dussiez-vous crever, ne le témoignez point.

ÉRASTE.

Mon oncle, qu'avez-vous ? vous changez de visage.

GÉRONTE.

Mon neveu, je n'y puis résister davantage.
Ah! ah!... Madame, il faut que je vous dise adieu;
Certain devoir pressant m'appelle en certain lieu.

Mme ARGANTE.

De peur d'incommoder, nous-vous cédons la place.

GÉRONTE.

Éraste, conduis-les. Excusez-moi, de grâce,
Si je ne puis rester plus long-temps avec vous.

(*Il s'en va avec son laquais.*)

SCÈNE VIII.

Mme ARGANTE, ISABELLE, ÉRASTE, LISETTE.

LISETTE, *à Isabelle.*

Madame, vous voyez le pouvoir de vos coups :
Un seul de vos regards, d'un mouvement facile,
Agite plus d'humeurs, détache plus de bile,
Opère plus en lui dès la première fois,

Que les médicaments qu'il prend depuis six mois.
O pouvoir de l'amour !

Mme ARGANTE.

Adieu, je me retire.

ÉRASTE.

Madame, accordez-moi l'honneur de vous conduire.

SCÈNE IX.

LISETTE, *seule*.

Moi, je vais là-dedans vaquer à mon emploi :
Le bon homme m'attend, et ne fait rien sans moi.
Pour le premier début d'une noce conclue,
Voilà, je vous l'avoue, une belle entrevue !

FIN DU PREMIER ACTE.

ACTE SECOND.

SCÈNE I.

Mme ARGANTE, ISABELLE, ÉRASTE.

Mme ARGANTE.

C'est trop nous retenir ; laissez-nous donc partir.

ÉRASTE.

Je ne puis vous quitter ni vous laisser sortir,
Que vous ne me flattiez d'un rayon d'espérance.

Mme ARGANTE.

Je voudrois vous pouvoir donner la préférence.

ÉRASTE.

Quoi ! vous aurez, madame, assez de cruauté
Pour conclure à mes yeux cet hymen projeté,
Après m'avoir promis la charmante Isabelle ?
Pourrai-je, sans mourir, me voir séparé d'elle ?

Mme ARGANTE.

Quand je vous la promis, vous me fîtes serment
Que votre oncle, en faveur de cet engagement,

Vous feroit de ses biens donation entière :
En épousant ma fille, il offre de le faire ;
Ai-je tort ?

ÉRASTE, *à Isabelle.*

Vous, madame, y consentirez-vous ?

ISABELLE.

Assurément, monsieur, il sera mon époux.
Et ne venez-vous pas de me dire vous-même
Qu'une fille, malgré la répugnance extrême
Qu'elle trouvoit à prendre un parti présenté,
Devoit de ses parents suivre la volonté ?

ERASTE.

Et ne voyez-vous pas que, par cet artifice,
Pour rompre ses projets, je flattois son caprice ?
Il est certains esprits qu'il faut prendre de biais,
Et que heurtant de front vous ne gagnez jamais.
(*à madame Argante.*)
Mon oncle est ainsi fait. L'intérêt peut-il faire
Que vous sacrifiiez une fille si chère ?

Mme ARGANTE.

Mais le bien qu'il lui fait.....

ÉRASTE.

Donnez-moi votre foi

De rompre cet hymen ; et je vous promets, moi,
De tourner aujourd'hui son esprit de manière
Que les choses iront ainsi que je l'espère,

Et qu'il fera pour moi quelque heureux testament.

Mme ARGANTE.

S'il le fait, ma fille est à vous absolument.
Je vais d'un mot d'écrit lui mander que son âge,
Que sa frêle santé répugne au mariage ;
Que je serois bientôt cause de son trépas ;
Que l'affaire est rompue, et qu'il n'y pense pas.

ISABELLE.

Je me fais d'obéir une joie infinie.

ÉRASTE.

Que mon sort est heureux ! qu'il est digne d'envie !
Mais Lisette s'avance, et j'entends quelque bruit.

SCÈNE II.

Mme ARGANTE, ISABELLE, ÉRASTE, LISETTE.

ÉRASTE, *à Lisette*.

Comment mon oncle est-il ?

LISETTE.

                    Le voilà qui me suit.

Mme ARGANTE, *à Éraste*.

Je vous laisse avec lui ; pour moi, je me retire ;
Mais, avant de partir, je vais là-bas écrire :
Vous, de votre côté, secondez mon ardeur.

ÉRASTE.

Le prix que j'en attends vous répond de mon cœur.

SCÈNE III.

ÉRASTE, LISETTE.

LISETTE.

Eh bien ! vous souffrirez que votre oncle, à son âge
Fasse devant vos yeux un si sot mariage ;
Qu'il vous frustre d'un bien que vous devez avoir !

ÉRASTE.

Hélas ! ma pauvre enfant, j'en suis au désespoir.
Mais l'affaire n'est pas encore consommée,
Et son feu pourroit bien s'en aller en fumée.
La mère, en ma faveur, change de volonté,
Et va, d'un mot d'écrit entre nous concerté,
Remercier mon oncle, et lui faire comprendre
Qu'il est un peu trop vieux pour en faire son gendr

LISETTE.

Je veux dans le complot entrer conjointement.
Et que deviendroit donc enfin le testament,
Sur lequel nous fondons toutes nos espérances,
Et qui doit cimenter un jour nos alliances,
Et faire le bonheur d'Éraste et de Crispin ?
Il faut par notre esprit faire notre destin,
Et rompre absolument l'hymen qu'il prétend fair

J'en ai fait dire un mot à son apothicaire :
C'est un petit mutin, qui doit venir tantôt,
Et qui lui lavera la tête comme il faut.
Je ne veux pas rester dans une nonchalance
Qu'il faut laisser aux sots. Mais Géronte s'avance.

SCÈNE IV.

GÉRONTE, ÉRASTE, LISETTE, un Laquais.

GÉRONTE.

Ma colique m'a pris assez mal à propos ;
Je n'ai senti jamais à la fois tant de maux.
N'ont-elles point été justement irritées
De ce que je les ai si brusquement quittées ?

ÉRASTE.

On sait que d'un malade on doit excuser tout.

LISETTE.

Monsieur a fait pour vous les honneurs jusqu'au bout :
Je dirai cependant qu'en entrant en matière
Vous n'avez pas là fait un beau préliminaire.

ÉRASTE.

Mon oncle fera mieux une seconde fois :
Suffit qu'en épousant il ait fait un bon choix.

GÉRONTE.

Il est vrai. Cependant j'ai quelque répugnance
De songer, à mon âge, à faire une alliance ;

Mais, puisque j'ai promis....

LISETTE.

Ne vous contraignez point;
On n'est pas aujourd'hui scrupuleux sur ce point.
Monsieur acquittera la parole donnée.

GÉRONTE.

Le sort en est jeté, suivons ma destinée.
Je voudrois inventer quelque petit cadeau,
Qui coûtât peu d'argent, et qui parût nouveau.

ÉRASTE.

Reposez-vous sur moi des soins de cette fête,
Des habits, du repas qu'il faut que l'on apprête :
J'ordonne sur ce point bien mieux qu'un médecin.

GÉRONTE.

Ne va pas m'embarquer dans un si grand festin.

LISETTE.

Il faut que l'abondance, avec soin répandue,
Puisse nous racquitter de votre triste vue ;
Il faut entendre aussi ronfler les violons ;
Et je veux avec vous danser les cotillons.

GÉRONTE.

Je valois dans mon temps mon prix tout comme un autre

LISETTE, *à part*.

Cela fait que bien peu vous valez dans le nôtre.

SCÈNE V.

Un Laquais *de madame Argante,* GÉRONTE, ÉRASTE, LISETTE, le Laquais *de Géronte.*

LE LAQUAIS *de madame Argante.*

Ma maîtresse, qui sort dans ce moment d'ici,
M'a dit de vous donner le billet que voici.

GÉRONTE, *prenant le billet.*

Pour ma santé, sans doute, elles sont inquiètes.
Lisons. Va me chercher, Lisette, mes lunettes.

LISETTE.

Cela vaut-il le soin de vous tant préparer ?
Donnez-moi le billet, je vais le déchiffrer.

(*Elle lit.*)

« Depuis notre entrevue, monsieur, j'ai fait ré-
« flexion sur le mariage proposé, et je trouve qu'il
« ne convient ni à l'un ni à l'autre : ainsi vous trou-
« verez bon, s'il vous plaît, qu'en vous rendant
« votre parole, je retire la mienne, et que je sois
« votre très humble et très obéissante servante,

« ARGANTE.

« Et plus bas, « ISABELLE. »

Vous pouvez maintenant, sans que l'on vous punisse,
Vous retirer chez vous, et quitter le service ;
Voilà votre congé bien signé.

GÉRONTE.

                     Mon neveu,
Que dis-tu de cela?

ÉRASTE.

                  Je m'en étonne peu.
Mais, sans vous arrêter à cet écrit frivole,
Il faut les obliger à tenir leur parole.

GÉRONTE.

Je me garderai bien de suivre ton avis,
Et d'un plaisir soudain tous mes sens sont ravis.
Je ne sais pas comment, ennemi de moi-même,
Je me précipitois dans ce péril extrême :
Un sort à cet hymen m'entraînoit malgré moi,
Et point du tout l'amour.

LISETTE.

                     Sans jurer, je le croi.
Que diantre voulez-vous que l'amour aille faire
Dans un corps moribond, à ses feux si contraire?
Ira-t-il se loger avec des fluxions,
Des catarrhes, des toux et des obstructions?

GÉRONTE, *au Laquais de madame Argante.*

Attends un peu là-bas, et que rien ne te presse;
Je vais faire à l'instant réponse à ta maîtresse.

        (*Le Laquais de madame Argante sort.*)

SCÈNE VI.

GÉRONTE, ÉRASTE, LISETTE, LE LAQUAIS
de Géronte.

GÉRONTE.
Voyez comme je prends promptement mon parti !
De l'hymen tout d'un coup me voilà départi.

LISETTE.
Il faut chanter, monsieur, votre nom par la ville.
Voilà ce qui s'appelle une action virile.

ÉRASTE.
C'étoit témérité, dans l'âge où vous voilà,
Malsain, fiévreux, goutteux, et pis que tout cela,
De prendre femme, et faire, en un jour si célèbre,
Du flambeau de l'hymen une torche funèbre.

GÉRONTE.
Mais tu louois tantôt mon dessein et mes feux.

ÉRASTE.
Tantôt vous faisiez bien, et maintenant bien mieux.

GÉRONTE.
Puisque je suis tranquille, et qu'un conseil plus sage
Me guérit des vapeurs d'amour, de mariage,
Je veux mettre ordre au bien que j'ai reçu du ciel,
Et faire en ta faveur un legs universel,
Par un bon testament.

ÉRASTE.

Ah ! monsieur, je vous prie,
Épargnez cette idée à mon âme attendrie :
Je ne puis sans soupirs vous ouïr prononcer
Le mot de testament ; il semble m'annoncer
Avant qu'il soit long-temps le sort qui doit le suivre,
Et le malheur auquel je ne pourrois survivre :
Je frémis quand je pense à ce moment cruel.

GÉRONTE.

Tant mieux ; c'est un effet de ton bon naturel.
Je veux donc te nommer mon légataire unique.
J'ai deux parents encor pour qui le sang s'explique :
L'un est fils de ma sœur, et tu sais bien son nom,
Gentilhomme normand, assez gueux, ce dit-on ;
Et l'autre est une veuve avec peu de richesse,
La fille de mon frère, et par ainsi ma nièce,
Qui jadis dans le Maine épousa, quoique vieux,
Certain baron qui n'eut pour bien que ses aïeux.
Je veux donc, en faveur de l'amitié sincère
Qu'autrefois je portois à leur père, à leur mère,
Leur laisser à chacun vingt mille écus comptant.

LISETTE.

Vingt mille écus ! Le legs seroit exorbitant.
Un neveu bas-normand, une nièce du Maine,
Pour acheter chez eux des procès par douzaine,
Jouiront, pour plaider, d'un bien comme cela !

ACTE II, SCÈNE VI.

Fi! c'est trop des trois quarts pour ces deux cancres-là

GÉRONTE.

Je ne les vis jamais ; ce que je puis vous dire
C'est qu'ils se sont tous deux avisés de m'écrire
Qu'ils vouloient à Paris venir dans peu de temps,
Pour me voir, m'embrasser, et retourner contents.
Je crois que tu n'es pas fâché que je leur laisse
De quoi vivre à leur aise, et soutenir noblesse.

ÉRASTE.

N'êtes-vous pas, monsieur, maître de votre bien ?
Tout ce que vous ferez, je le trouverai bien.

LISETTE.

Et moi, je trouve mal cette dernière clause,
Et de tout mon pouvoir à ce legs je m'oppose.
Mais vous ne songez pas que le laquais attend.

GÉRONTE.

Je vais l'expédier, et reviens à l'instant.

LISETTE.

Avez-vous oublié qu'une paralysie
S'est de votre bras droit depuis un mois saisie,
Et que vous ne sauriez écrire ni signer ?

GÉRONTE.

Il est vrai : mon neveu viendra m'accompagner ;
Et je vais lui dicter une lettre d'une style
Qui de madame Argante échauffera la bile ;
J'en suis bien assuré. Viens, Éraste ; suis-moi.

ÉRASTE.

Vous obéir, monsieur, est ma suprême loi.

SCÈNE VII.

LISETTE, *seule*.

Nos affaires vont prendre une face nouvelle,
Et la fortune enfin nous rit et nous appelle.

SCÈNE VIII.

CRISPIN, LISETTE.

LISETTE.

Ah! te voilà, Crispin! et d'où diantre viens-tu?

CRISPIN.

Ma foi, pour te servir j'ai diablement couru;
Ces notaires sont gens d'approche difficile :
L'un n'étoit pas chez lui, l'autre étoit par la ville.
Je les ai déterrés où l'on m'avoit instruit,
Dans un jardin, à table, en un petit réduit,
Avec dames qui m'ont paru de bonne mine.
Je crois qu'ils passoient là quelque acte à la sourdine
Mais dans une heure au plus ils seront ici.

LISETTE.

                                                         Bon.
Sais-tu pourquoi Géronte ici les mandoit?

ACTE II, SCÈNE VIII.

CRISPIN.

       Non.

LISETTE.

Pour faire son contrat de mariage.

CRISPIN.

       Oh, diable!
A son âge, il voudroit nous faire un tour semblable!

LISETTE.

Pour Isabelle, un trait décoché par l'Amour
Avoit, ma foi, percé son pauvre cœur à jour;
Et, frustrant des neveux l'espérance uniforme,
Lui-même il vouloit faire un héritier en forme :
Mais le ciel, par bonheur, en ordonne autrement.
Il pense maintenant à faire un testament,
Où ton maître sera nommé son légataire.

CRISPIN.

Pour lui comme pour nous il ne pouvoit mieux faire.
La nouvelle est trop bonne; il faut qu'en sa faveur
Je t'embrasse et rembrasse, et, ma foi, de bon cœur;
Et qu'un épanchement de joie et de tendresse,
En te congratulant... L'amour qui m'intéresse...
La nouvelle est charmante, et vaut seule un trésor.
Il faut, ma chère enfant, que je t'embrasse encor.

LISETTE.

Dans tes emportements sois sage et plus modeste.

CRISPIN.

Excuse si la joie emporte un peu le geste.

LISETTE.

Mais, comme en ce bas monde il n'est nuls biens parf
Et que tout ne va pas au gré de nos souhaits,
Il met au testament une fâcheuse clause.

CRISPIN.

Et dis-moi, mon enfant, quelle est-elle?

LISETTE.

Il dispose
De son argent comptant quarante mille écus,
Pour deux parents lointains et qu'il n'a jamais vus.

CRISPIN.

Quarante mille écus d'argent sec et liquide!
De la succession voilà le plus solide.
C'est de l'argent comptant que je fais plus de cas.
Vous en aurez menti, cela ne sera pas;
C'est moi qui vous le dis, mon cher monsieur Géronte
Vous avez fait sans moi trop vite votre compte.
Et qui sont ces parents?

LISETTE.

L'un est un Bas-Normand,
Gentilhomme, natif d'entre Falaise et Caen;
L'autre est une baronne et veuve sans douaire,
Qui dans le Maine fait sa demeure ordinaire,
Plaideuse s'il en fut, comme on m'a dit souvent,

ACTE II, SCÈNE VIII.

Qui, de trente procès, en perd vingt-cinq par an.

CRISPIN.

C'est tirer du métier toute la quintessence.
Puisque pour les procès elle a si bonne chance,
Il faut lui faire perdre encore celui-ci.

LISETTE.

L'un et l'autre bientôt arriveront ici.
Il faut, mon cher Crispin, tirer de ta cervelle,
Comme d'un arsenal, quelque ruse nouvelle
Qui déporte Géronte à leur faire ce legs.

CRISPIN.

A-t-il vu quelquefois ces deux parents?

LISETTE.

Jamais;
Il a su seulement par une lettre écrite
Qu'ils viendront à Paris pour lui rendre visite.

CRISPIN.

Mon visage chez vous n'est-il point trop connu?

LISETTE.

Géronte, tu le sais, ne t'a presque point vu;
Et, pour te dire vrai, je suis persuadée
Qu'il n'a de ta figure encore nulle idée.

CRISPIN.

Bon. Mon maître sait-il ce dangereux projet,
L'intention de l'oncle, et le tort qu'on lui fait?

LISETTE.

Il ne le sait que trop : dans son cœur il enrage,
Et voudroit que quelqu'un détournât cet orage.

CRISPIN.

Je serai ce quelqu'un, je te le promets bien :
De la succession les parents n'auront rien :
Et je veux que Géronte à tel point les haïsse,
Qu'ils soient déshérités, de plus, qu'il les maudisse,
Eux et leurs descendants à perpétuité,
Et tous les rejetons de leur postérité.

LISETTE.

Quoi ! tu pourrois, Crispin.

CRISPIN.

Va, demeure tranquille
Le prix qui m'est promis me rendra tout facile :
Car je dois t'épouser, si...

LISETTE.

D'accord... mais enfin...

CRISPIN.

Comment donc?

LISETTE.

Tu m'as l'air d'être un peu libertin

CRISPIN.

Ne nous reprochons rien.

LISETTE.

On sait de tes fredaines.

ACTE II, SCÈNE VIII.

CRISPIN.

Nous sommes but à but, ne sais-je point des tiennes?

LISETTE.

Tu dois de tous côtés, et tu devras long-temps.

CRISPIN.

J'ai cela de commun avec d'honnêtes gens.
Mais enfin sur ce point à tort tu t'inquiètes,
Le testament de l'oncle acquittera mes dettes;
Et tel n'y pense pas, qui doit payer pour moi.
Mais on vient.

LISETTE.

C'est Géronte. Adieu : fuis, sauve-toi.
Va m'attendre là-bas; dans peu j'irai t'instruire
De ce que pour ton rôle il faudra faire et dire.

CRISPIN.

Va, va, je sais déjà tout mon rôle par cœur;
Les gens d'esprit n'ont point besoin de précepteur.

SCÈNE IX.

GÉRONTE, ÉRASTE, LISETTE.

GÉRONTE, *tenant une lettre*.

Je parle en cet écrit comme il faut à la mère :
Je voudrois que quelqu'un me contât la manière
Dont elle recevra mon petit compliment;
Je crois qu'elle sera surprise assurément.

ÉRASTE.

Si vous voulez, monsieur, me charger de la lettre,
Moi-même entre ses mains je promets de la mettre
Et de vous rapporter ce qu'elle m'aura dit
Et ce qu'elle aura fait en lisant votre écrit.

GÉRONTE.

Cela sera-t-il bien que toi-même on te voie...

ÉRASTE.

Vous ne sauriez, monsieur, me donner plus de joi

GÉRONTE.

Dis-leur de bouche encor qu'elles ne pensent pas
A renouer l'hymen dont je fais peu de cas...

ÉRASTE.

De vos intentions je sais tout le mystère.

GÉRONTE.

Que je vais à l'instant te nommer légataire,
Te donner tout mon bien.

ÉRASTE.

Je connois leur esprit;
Elles en crèveront toutes deux de dépit.
Demeurez en repos; je sais ce qu'il faut dire;
Et de notre entretien je reviens vous instruire.

SCÈNE X.

GÉRONTE, LISETTE.

GÉRONTE.

Oui, depuis que j'ai pris ce généreux dessein,
Je me sens de moitié plus léger et plus sain.

LISETTE.

Vous avez fait, monsieur, ce que vous deviez faire.
Mais j'aperçois quelqu'un.

SCÈNE XI.

M. CLISTOREL, GÉRONTE, LISETTE.

LISETTE.

              C'est votre apothicaire,
Monsieur Clistorel.

GÉRONTE, *à Clistorel.*

              Ah! Dieu vous gard' en ces lieux.
Je suis, quand je vous vois, plus vif et plus joyeux.

CLISTOREL, *fâché.*

Bonjour, monsieur, bonjour.

GÉRONTE.

              Si je m'y puis connoître,
Vous paroissez fâché. Quoi?

CLISTOREL.

                J'ai raison de l'être.

GÉRONTE.

Qui vous a mis si fort la bile en mouvement ?

CLISTOREL.

Qui me l'a mise ?

GÉRONTE.

Oui.

CLISTOREL.

          Vos sottises.

GÉRONTE.

                Comment ?

CLISTOREL.

Je viens, vraiment, d'apprendre une belle nouve[lle]
Qui me réjouit fort.

GÉRONTE.

           Eh ! monsieur, quelle est-ell[e]

CLISTOREL.

N'avez-vous point de honte, à l'âge où vous voi[là]
De faire extravagance égale à celle-là ?

GÉRONTE.

De quoi s'agit-il donc ?

CLISTOREL.

            Il vous faudroit encore,
Malgré vos cheveux gris, quelques grains d'elléb[ore]
On m'a dit par la ville, et c'est un fait certain,

ACTE II, SCÈNE XI.

Que de vous marier vous formez le dessein.

LISETTE.

Quoi! ce n'est que cela?

CLISTOREL.

Comment donc! dans la vie
Peut-on faire jamais de plus haute folie?

GÉRONTE.

Et, quand cela seroit, pourquoi vous récrier,
Vous, que depuis un mois on vit remarier?

CLISTOREL.

Vraiment, c'est bien de même! Avez-vous le courage
Et la mâle vigueur requise en mariage?
Je vous trouve plaisant, et vous avez raison
De faire avecque moi quelque comparaison!
J'ai fait quatorze enfants à ma première femme,
Madame Clistorel, (Dieu veuille avoir son âme;)
Et, si dans mes travaux la mort ne me surprend,
J'espère à la seconde en faire encore autant.

LISETTE.

Ce sera très bien fait.

CLISTOREL.

Votre corps cacochyme
N'est point fait, croyez-moi, pour ce genre d'escrime.
J'ai lu dans Hippocrate, il n'importe en quel lieu,
Un aphorisme sûr; il n'est point de milieu:
« Tout vieillard qui prend fille alerte et trop fringante,

« De son propre couteau sur ses jours il attente. »
Virgo libidinosa senem jugulat.

LISETTE.

Quoi! monsieur Clistorel, vous savez du latin!
Vous pourriez, dans un jour, vous faire médecin.

CLISTOREL.

Moi? le ciel m'en préserve! et ce sont tous des ânes
Ou du moins les trois quarts : ils m'ont fait cent chica
Au procès qu'ils nous ont sottement intenté,
Moi seul j'ai fait bouquer toute la faculté.
Ils vouloient obliger tous les apothicaires
A faire et mettre en place eux-mêmes leurs clystère
Et que tous nos garçons ne fussent qu'assistants.

LISETTE.

Fi donc! ces médecins sont de plaisantes gens!

CLISTOREL.

Il m'auroit fait beau voir, avecque des lunettes,
Faire, en jeune apprenti, ces fonctions secrètes.
C'étoit, à soixante ans, nous mettre à l'A B C.
Voyez, pour tout un corps, quel affront c'eût été

GÉRONTE.

Vous avez fort bien fait, dans cette procédure,
D'avoir jusques au bout soutenu la gageure.

CLISTOREL.

J'étois bien résolu, plutôt que de plier,
D'y manger ma boutique, et jusqu'à mon mortier.

ACTE II, SCÈNE XI.

LISETTE.
Leur dessein, en effet, étoit bien ridicule.
CLISTOREL.
Je suis, quand je m'y mets, plus têtu qu'une mule.
GÉRONTE.
C'est bien fait. Ces messieurs vouloient vous offenser
Mais que vous ai-je fait, moi, pour vous courroucer.
CLISTOREL.
Ce que vous m'avez fait? Vous voulez prendre femm
Pour crever; et moi seul j'en aurai tout le blâme.
Prendre une femme, vous! Allez, vous êtes fou.
GÉRONTE.
Monsieur...
CLISTOREL.
Il vaudroit mieux qu'on vous tordît le cou.
GÉRONTE.
Mais, monsieur...
CLISTOREL.
Prenez-moi de bonnes médecines,
Avec de bons sirops et drogues anodines,
De bon catholicon...
GÉRONTE.
Monsieur...
CLISTOREL.
De bon séné,
De bon sel polychreste extrait et raffiné...

GÉRONTE.

Monsieur, un petit mot.

CLISTOREL.

De bon tartre émétique,
Quelque bon lavement fort et diurétique ;
Voilà ce qu'il vous faut : mais une femme !...

GÉRONTE.

Mais..

CLISTOREL.

Ma boutique pour vous est fermée à jamais...
S'il lui falloit...

LISETTE.

Monsieur...

CLISTOREL.

Dans un péril extrême,
Le moindre lénitif, ou le moindre apozème,
Une goutte de miel, ou de décoction...
Je le verrois crever comme un vieux mousqueton.
O le beau jouvenceau pour entrer en ménage !

LISETTE.

Mais, monsieur Clistorel...

CLISTOREL.

Le plaisant mariage !
Le beau petit mignon !

LISETTE.

Monsieur, écoutez-nous.

ACTE II, SCÈNE XI.

CLISTOREL.

Non, non; je ne veux plus de commerce avec vous.
Serviteur, serviteur.

SCÈNE XII.

GÉRONTE, LISETTE.

LISETTE.

Que le diable t'emporte !
Non, je ne vis jamais animal de la sorte :
A le bien mesurer, il n'est pas, que je crois,
Plus haut que sa seringue, et glapit comme trois.
Ces petits avortons ont tous l'humeur mutine.

GÉRONTE.

Il ne reviendra plus ; son départ me chagrine.

LISETTE.

Pour un, vous en aurez mille tout à la fois.
Un de mes bons amis, dont il faut faire choix,
Qui s'est fait, depuis peu, passer apothicaire,
M'a promis qu'à bon prix il feroit votre affaire ;
Et qu'il auroit pour vous quelque sirop à part,
Casse, séné, rhubarbe, et le tout de hasard,
Qui fera plus d'effet et de meilleur ouvrage
Que ce qu'on vous vendoit quatre fois davantage.

GÉRONTE.

Fais-le-moi donc venir.

LISETTE.

Je n'y manquerai pas.

GÉRONTE.

Allons nous reposer. Lisette, suis mes pas.
Ce monsieur Clistorel m'a tout ému la bile.

LISETTE.

Souvenez-vous toujours, quand vous serez tranquille,
Dans votre testament de me faire du bien.

GÉRONTE.

(*bas, à part.*)

Je t'en ferai, pourvu qu'il ne m'en coûte rien.

FIN DU SECOND ACTE.

ACTE TROISIÈME.

SCÈNE I.
GÉRONTE, LISETTE.

GÉRONTE.
Éraste ne vient point me rendre de réponse.
Qu'est-ce que ce délai me prédit et m'annonce?

LISETTE.
Et pourquoi, s'il vous plaît, vous inquiéter tant?
Suffit que vous devez être de vous content :
Vous n'avez jamais fait rien de plus héroïque
Que de rompre un hymen aussi tragi-comique.

GÉRONTE.
Je suis content de moi dans cette occasion,
Et monsieur Clistorel a fort bonne raison.
C'étoit, la pierre au cou, la tête la première,
M'aller précipiter au fond de la rivière.

LISETTE.
Bon! c'étoit cent fois pis encor que tout cela.
Mais enfin tout va bien.

SCÈNE II.

CRISPIN, *en gentilhomme campagnard;*
GÉRONTE, LISETTE.

CRISPIN, *dehors, heurtant.*

Holà, quelqu'un, holà !
Tout est-il mort ici, laquais, valet, servante ?
J'ai beau heurter, crier, aucun ne se présente.
Le diable puisse-t-il emporter la maison !

LISETTE.

Eh ! qui diantre chez nous heurte de la façon ?
(*Elle ouvre.*)
Que voulez-vous, monsieur ? quel démon vous agite?
Vient-on chez un malade ainsi rendre visite ?
(*bas.*)
Dieu me pardonne ! c'est Crispin; c'est lui, ma foi!

CRISPIN, *bas, à Lisette.*

Tu ne te trompes pas, ma chère enfant; c'est moi.
(*haut.*)
Bonjour, bonjour, la fille. On m'a dit par la ville
Qu'un Géronte en ce lieu tenoit son domicile;
Pourroit-on lui parler ?

LISETTE.

Pourquoi non ? le voilà.

ACTE III, SCÈNE II.

CRISPIN, *lui secouant le bras.*

Parbleu, j'en suis bien aise. Ah! monsieur, touchez là.
Je suis votre valet, ou le diable m'emporte.
Touchez là derechef. Le plaisir me transporte
Au point que je ne puis assez vous le montrer.

GÉRONTE.

Cet homme, assurément, prétend me démembrer.

CRISPIN.

Vous paroissez surpris autant qu'on le peut être;
Je vois que vous avez peine à me reconnoître;
Mes traits vous sont nouveaux : savez-vous bien pourquoi.
C'est que vous ne m'avez jamais vu.

GÉRONTE.

Je le croi.

CRISPIN.

Mais feu monsieur mon père, Alexandre Choupille,
Gentilhomme normand, prit pour femme une fille
Qui fut, à ce qu'on dit, votre sœur autrefois :
Et qui me mit au jour au bout de quatre mois.
Mon père se fâcha de cette diligence;
Mais un ami sensé lui dit en confidence
Qu'il est vrai que ma mère, en faisant ses enfants,
N'observoit pas encor assez l'ordre des temps;
Mais qu'aux femmes l'erreur n'étoit pas inouïe,
Et qu'elles ne manquoient qu'à la chronologie.

GÉRONTE.

A la chronologie?

LISETTE.

Une femme, en effet,
Ne peut pas calculer comme un homme auroit fait.

CRISPIN.

Or donc cette femelle à concevoir si prompte
Qu'à tout considérer quelquefois j'en ai honte,
En me mettant au jour, soit disgrâce ou faveur,
M'a fait votre neveu, puisqu'elle est votre sœur.

GÉRONTE.

Apprenez, mon neveu, si par hasard vous l'êtes,
Que vous êtes un sot, aux discours que vous faites.
Ma sœur fut sage; et nul ne peut lui reprocher
Que jamais sur l'honneur on l'ait pu voir broncher.

CRISPIN.

Je le crois; cependant, tant qu'elle fut vivante,
On tient que sa vertu fut un peu chancelante.
Quoi qu'il en soit enfin, légitime ou bâtard,
Soit qu'on m'ait mis au monde ou trop tôt ou trop tard
Je suis votre neveu, quoi qu'en dise l'envie,
De plus votre héritier, venant de Normandie
Exprès pour recueillir votre succession.

GÉRONTE.

C'est bien fait, et je loue assez l'intention.
Quand vous en allez-vous?

ACTE III, SCÈNE II.

CRISPIN.

                        Voudriez-vous me suivre ?
Cela dépend du temps que vous avez à vivre.
Mon oncle, soyez sûr que je ne partirai
Qu'après vous avoir vu bien cloué, bien muré,
Dans quatre ais de sapin reposer à votre aise.

LISETTE, *bas, à Géronte.*

Vous avez un neveu, monsieur, ne vous déplaise,
Qui dit ses sentiments en pleine liberté.

GÉRONTE, *bas, à Lisette.*

A te dire le vrai, j'en suis épouvanté.

CRISPIN.

Je suis persuadé, de l'humeur dont vous êtes,
Que la succession sera des plus complètes,
Que je vais manier de l'or à pleine main ;
Car vous êtes, dit-on, un avare, un vilain.
Je sais que, pour un sou, d'une ardeur héroïque,
Vous vous feriez fesser dans la place publique.
Vous avez, dit-on même, acquis en plus d'un lieu
Le titre d'usurier et de fesse-mathieu.

GÉRONTE.

Savez-vous, mon neveu, qui tenez ce langage,
Qui si de mes deux bras j'avois encor l'usage,
Je vous ferois sortir par la fenêtre.

CRISPIN.

                                    Moi ?

GÉRONTE.

Oui, vous; et dans l'instant sortez.

CRISPIN.

Ah ! par ma foi,
Je vous trouve plaisant de parler de la sorte !
C'est à vous de sortir et de passer la porte.
La maison m'appartient : ce que je puis souffrir,
C'est de vous y laisser encor vivre et mourir.

LISETTE.

Ah, ciel ! quel garnement !

GÉRONTE, *bas.*

Où suis-je ?

CRISPIN.

Allons, ma mie
Au bel appartement mène-moi, je te prie.
Est-il voisin du tien ? je te trouve à mon gré,
Et nous pourrons la nuit converser de plain-pied.
Bonne chère, grand feu; que la cave enfoncée
Nous fournisse à pleins brocs une liqueur aisée :
Fais main-basse sur tout : le bon homme a bon dos
Et l'on peut hardiment le ronger jusqu'aux os.
Mon oncle, pour ce soir, il me faut, je vous prie,
Cent louis neufs comptant, en avance d'hoirie;
Sinon, demain matin, si vous le trouvez bon,
Je mettrai de ma main le feu dans la maison.

ACTE III, SCÈNE II.

GÉRONTE, *à part.*

Grands dieux ! vit-on jamais insolence semblable ?

LISETTE, *bas, à Géronte.*

Ce n'est pas un neveu, monsieur, mais c'est un diable.
Pour le faire sortir employez la douceur.

GÉRONTE.

Mon neveu, c'est à tort qu'avec tant de hauteur
Vous venez tourmenter un oncle à l'agonie :
En repos laissez-moi finir ma triste vie,
Et vous hériterez au jour de mon trépas.

CRISPIN.

D'accord. Mais quand viendra ce jour ?

GÉRONTE.

A chaque pas
L'impitoyable mort s'obstine à me poursuivre ;
Et je n'ai, tout au plus, que quatre jours à vivre.

CRISPIN.

Je vous en donne six ; mais après, ventrebleu,
N'allez pas me manquer de parole, ou dans peu
Je vous fais enterrer mort ou vif. Je vous laisse.
Mon oncle, encore un coup, tenez votre promesse,
Ou je tiendrai la mienne.

SCÈNE III.

GÉRONTE, LISETTE.

LISETTE.

Ah ! quel homme voilà !
Quel neveu vos parents vous ont-ils donné là ?

GÉRONTE.

Ce n'est point mon neveu ; ma sœur étoit trop sage
Pour élever son fils dans un air si sauvage :
C'est un fieffé brutal, un homme des plus fous.

LISETTE.

Cependant, à le voir, il a quelque air de vous :
Dans ses yeux, dans ses traits, un je ne sais quoi bril
Enfin on s'aperçoit qu'il tient de la famille.

GÉRONTE.

Par ma foi, s'il en tient, il lui fait peu d'honneur.
Ah ! le vilain parent !

LISETTE.

Et vous auriez le cœur
De laisser votre bien, une si belle somme,
Vingt mille écus comptant, à ce beau gentilhomme !

GÉRONTE.

Moi, lui laisser mon bien ! j'aimerois mieux cent fo
L'enterrer pour jamais.

ACTE III, SCÈNE III.

LISETTE.

Ma foi, je m'aperçois
Que monsieur le neveu, si j'en crois mon présage,
N'aura pas trop gagné d'avoir fait son voyage ;
Et que le pauvre diable, arrivé d'aujourd'hui,
Auroit aussi bien fait de demeurer chez lui.

GÉRONTE.

Si c'est sur mon bien seul qu'il fonde sa cuisine,
Je t'assure déjà qu'il mourra de famine,
Et qu'il n'aura pas lieu de rire à mes dépens.

LISETTE.

C'est fort bien fait : il faut apprendre à vivre aux gens.
Voilà comme sont faits tous ces neveux avides,
Qui ne peuvent cacher leurs naturels perfides :
Quand ils n'assomment pas un oncle assez âgé,
Ils prétendent encor qu'il leur est obligé.
Mais Éraste revient, et nous allons apprendre
Comment tout s'est passé.

SCÈNE IV.

ÉRASTE, GÉRONTE, LISETTE.

GÉRONTE.

Tu te fais bien attendre :
Tu m'as abandonné dans un grand embarras.
Un malheureux neveu m'est tombé sur les bras.

LE LÉGATAIRE.

ÉRASTE.

Il vient de m'accoster là-bas tout hors d'haleine,
Et m'a dit en deux mots le sujet qui l'amène.

GÉRONTE.

Que dis-tu de ses airs ?

ÉRASTE.

Je les trouve étonnants.
Il peste, il jure, il veut mettre le feu céans.

GÉRONTE.

J'aurois bien eu besoin ici de ta présence
Pour réprimer l'excès de son impertinence.
Lisette en est témoin.

LISETTE.

Ah ! le mauvais pendard,
A qui monsieur vouloit de son bien faire part !

GÉRONTE.

J'ai bien changé d'avis : je te donne parole
Qu'il n'aura de mon bien jamais la moindre obole.

ÉRASTE.

Je me suis acquitté de ma commission,
Et tout s'est fait au gré de votre intention.
Votre lettre a produit un effet qui m'enchante.
On a montré d'abord une âme indifférente ;
D'un faux air de mépris voulant couvrir leur jeu,
Elles me paroissoient s'en soucier fort peu ;
Mais quand je leur ai dit que vous vouliez me faire

ACTE III, SCÈNE IV.

Aujourd'hui de vos biens unique légataire,
Car vous m'avez prescrit de parler sur ce ton....

GÉRONTE.

Oui, je te l'ai promis; c'est mon intention.

ÉRASTE.

Elles ont toutes deux témoigné des surprises
Dont elles ne seront de six mois bien remises.

GÉRONTE.

J'en suis persuadé.

ÉRASTE.

Mais écoutez ceci,
Qui doit bien vous surprendre, et m'a surpris aussi.
C'est que madame Argante, aimant votre famille,
M'a proposé tout franc de me donner sa fille,
Et d'acquitter ainsi, par un commun égard,
La parole donnée et d'une et d'autre part.

GÉRONTE.

Et qu'as-tu su répondre à ces belles pensées?

ÉRASTE.

Que je ne voulois point aller sur vos brisées,
Sans avoir sur ce point su votre sentiment,
Et de plus obtenu votre consentement.

GÉRONTE.

Ne t'embarrasse point encor de mariage.
Que mon exemple ici serve à te rendre sage.

LISETTE.

Moi, j'approuverois fort cet hymen et ce choix :
Il est tel qu'il le faut, et j'y donne ma voix.
Il convient à monsieur de suivre cette envie,
Non à vous, qui devez renoncer à la vie.

GÉRONTE.

A la vie ! et pourquoi ? Suis-je mort, s'il vous plaît ?

LISETTE.

Je ne sais pas, monsieur, au vrai ce qu'il en est ;
Mais tout le monde croit, à votre air triste et sombre,
Qu'errant près du tombeau, vous n'êtes plus qu'une ombre
Et que, pour des raisons qui vous font différer,
Vous ne vous êtes pas encor fait enterrer.

GÉRONTE.

Avec de tels discours et ton air d'insolence,
Tu pourrois, à la fin, lasser ma patience.

LISETTE.

Je ne sais point, monsieur, farder la vérité,
Et dis ce que je pense avecque liberté.

SCÈNE V.

GÉRONTE, ÉRASTE, LISETTE, LE LAQUAIS.

LE LAQUAIS.

Une dame, là-bas, monsieur, avec sa suite,
Qui porte le grand deuil, vient vous rendre visite,

Et se dit votre nièce.
GÉRONTE.
Encore des parents !
LE LAQUAIS.
La ferai-je monter ?
GÉRONTE.
Non, je te le défends.
LISETTE.
Gardez-vous bien, monsieur, d'en user de la sorte ;
Et vous ne devez pas lui refuser la porte.
(*au Laquais.*)
Va-t'en la faire entrer.

SCÈNE VI.
GÉRONTE, ÉRASTE, LISETTE.

LISETTE, *à Géronte.*
Contraignez-vous un peu :
La nièce aura l'esprit mieux fait que le neveu.
Entre tant de parents, ce seroit bien le diable
S'il ne s'en trouvoit pas quelqu'un de raisonnable.

SCÈNE VII.

CRISPIN, *en veuve, un petit dragon lui portant la queue ;* GÉRONTE, ÉRASTE, LISETTE, LE LAQUAIS *de Géronte.*

CRISPIN *fait des révérences au Laquais de Géronte, qui lui ouvre la porte. Le petit dragon sort.*
(*à Géronte.*)
Permettez, s'il vous plaît, que cet embrassement
Vous témoigne ma joie et mon ravissement.
Je vois un oncle, enfin, mais un oncle que j'aime,
Et que j'honore aussi cent fois plus que moi-même.

LISETTE, *bas, à Éraste.*
Monsieur, c'est la Crispin.

ÉRASTE, *bas, à Lisette.*
C'est lui, je le sais bien ;
Nous avons eu là-bas un moment d'entretien.

GÉRONTE, *à Éraste.*
Elle a de la douceur et de la politesse.
Qu'on donne promptement un fauteuil à ma nièce.

CRISPIN, *au Laquais de Géronte.*
Ne bougez, s'il vous plaît ; le respect m'interdit....
(*à Géronte, avec le ton du respect.*)
Un fauteuil près mon oncle ! un tabouret suffit.
(*Le Laquais donne un tabouret à Crispin.*)

ACTE III, SCÈNE VII.

GÉRONTE.

Je suis assez content déjà de la parente.

ÉRASTE.

Elle sait vraiment vivre, et sa taille est charmante.
(*Le Laquais donne un fauteuil à Géronte, une chaise à Éraste, un tabouret à Lisette, et sort.*)

SCÈNE VIII.

GÉRONTE ; CRISPIN, *en veuve ;* ÉRASTE, LISETTE.

CRISPIN.

Fi donc ! vous vous moquez ; je suis à faire peur.
Je n'avois autrefois que cela de grosseur :
Mais vous savez l'effet d'un fécond mariage
Et ce que c'est d'avoir des enfants en bas âge ;
Cela gâte la taille, et furieusement.

LISETTE.

Vous passeriez encor pour fille, assurément.

CRISPIN.

J'ai fait du mariage une assez triste épreuve ;
A vingt ans mon mari m'a laissé mère et veuve.
Vous vous doutez assez qu'après ce prompt trépas,
Et faite comme on est, ayant quelques appas,
On auroit pu trouver à convoler de reste ;
Mais du pauvre défunt la mémoire funeste

M'oblige à dévorer en secret mes ennuis.
J'ai bien de fâcheux jours, et de plus dures nuits :
Mais d'un veuvage affreux les tristes insomnies
Ne m'arracheront point de noires perfidies ;
Et je veux chez les morts emporter, si je peux,
Un cœur qui ne brûla que de ses premiers feux.

ÉRASTE.

On ne poussa jamais plus loin la foi promise :
Voilà des sentiments dignes d'une Artémise.

GÉRONTE, *à Crispin*.

Votre époux, vous laissant mère et veuve à vingt ans,
Ne vous a pas laissé, je crois, beaucoup d'enfants.

CRISPIN.

Rien que neuf; mais, le cœur tout gonflé d'amertume,
Deux ans encore après j'accouchai d'un posthume.

LISETTE.

Deux ans après! voyez quelle fidélité!
On ne le croira pas dans la postérité,

GÉRONTE, *à Crispin*.

Peut-on vous demander, sans vous faire de peine,
Quel sujet si pressant vous fait quitter le Maine ?

CRISPIN.

Le désir de vous voir est mon premier objet ;
De plus, certain procès qu'on m'a sottement fait,
Pour certain four bannal sis en mon territoire.
Je propose d'abord un bon déclinatoire ;

ACTE III, SCÈNE VIII.

On passe outre : je forme empêchement formel;
Et, sans nuire à mon droit, j'anticipe l'appel.
La cause est au bailliage ainsi revendiquée :
On plaide; et je me trouve enfin interloquée.

LISETTE.

Interloquée! ah ciel! quel affront est-ce là!
Et vous avez souffert qu'on vous interloquât!
Une femme d'honneur se voir interloquée!

ÉRASTE.

Pourquoi donc de ce terme être si fort piquée?
C'est un mot du barreau.

LISETTE.

     C'est ce qu'il vous plaira;
Mais juge de ses jours ne m'interloquera :
Le mot est immodeste, et le terme me choque;
Et je ne veux jamais souffrir qu'on m'interloque.

GÉRONTE, *à Crispin*.

Elle est folle, et souvent il lui prend des accès....
Elle ne parle pas si bien que vous procès.

CRISPIN.

Ce procès n'est pas seul le sujet qui m'amène,
Et qui m'a fait quitter si brusquement le Maine.
Ayant appris, monsieur, par gens dignes de foi,
Qui m'ont fait un récit de vous, et que je croi,
Que vous étiez un homme atteint de plus d'un vice;
Un ivrogne, un joueur....

ÉRASTE.

Comment donc? quel caprice!

CRISPIN.

Qui hantiez certains lieux et le jour et la nuit,
Où l'honnêteté souffre et la pudeur gémit....

GÉRONTE.

Est-ce à moi, s'il vous plaît, que ce discours s'adresse

CRISPIN.

Oui, mon oncle, à vous-même. A-t-il rien qui vous bles
Puisqu'il est copié d'après la vérité?

GÉRONTE, *à part.*

Je ne sais où j'en suis.

CRISPIN.

On m'a même ajouté
Que depuis très long-temps, avec mademoiselle,
Vous meniez une vie indigne et criminelle.
Et que vous en aviez déjà plusieurs enfants.

LISETTE.

Avec moi! juste ciel! voyez les médisants!
De quoi se mêlent-ils? est-ce là leur affaire?

GÉRONTE.

Je ne sais qui retient l'effet de ma colère.

CRISPIN.

Ainsi, sur le rapport de mille honnêtes gens,
Nous avons fait, monsieur, assembler vos parents;
Et pour vous empêcher, dans ce désordre extrême,

De manger notre bien, et vous perdre vous-même,
Nous avons résolu, d'une commune voix,
De vous faire interdire, en observant les lois.

GÉRONTE.

Moi, me faire interdire!

LISETTE.

              Ah ciel! quelle famille!

CRISPIN.

Nous savons votre vie avecque cette fille,
Et voulons empêcher qu'il ne vous soit permis
De faire un mariage un jour *in extremis*.

GÉRONTE, *se levant*.

Sortez d'ici, madame, et que de votre vie
D'y remettre le pied il ne vous prenne envie;
Sortez d'ici, vous dis-je, et sans vous arrêter....

CRISPIN.

Comment! battre une veuve et la violenter!
Au secours! aux voisins! au meurtre! on m'assassine!

GÉRONTE.

Voilà, je vous l'avoue, une grande coquine.

CRISPIN.

Quoi! contre votre sang vous osez blasphémer!
Cela peut bien aller à vous faire enfermer.

LISETTE.

Faire enfermer monsieur!

CRISPIN.

Ne faites point la fière ;
On peut aussi vous mettre à la Salpêtrière.

LISETTE.

A la Salpêtrière !

CRISPIN.

Oui, ma mie, et sans bruit.
De vos déportements on n'est que trop instruit.

ÉRASTE.

Il faut développer le fond de ce mystère.
Que l'on m'aille à l'instant chercher un commissaire.

CRISPIN.

Un commissaire, à moi ! suis-je donc, s'il vous plaît,
Gibier à commissaire ?

ÉRASTE.

On verra ce que c'est,
Et dans peu nous saurons, avec un tel tumulte,
Si l'on vient chez les gens ainsi leur faire insulte.
Vous, mon oncle, rentrez dans votre appartement,
Je vous rendrai raison de tout dans un moment.

GÉRONTE.

Ouf ! ce jour-ci sera le dernier de ma vie.

LISETTE, *à Crispin.*

Misérable ! tu mets un oncle à l'agonie !
La mauvaise famille et du Maine et de Caen !
Oui, tous ces parents-là méritent le carcan.

SCÈNE IX.

ÉRASTE, CRISPIN.

ÉRASTE.

Est-il bien vrai, Crispin? et ton ardeur sincère....

CRISPIN.

Envoyez donc, monsieur, chercher un commissaire :
Je l'attends de pied ferme.

ÉRASTE.

Ah, juste ciel! c'est toi.
Je ne me trompe point.

CRISPIN.

Oui, ventrebleu, c'est moi.
Vous venez de me faire une rude algarade.

ÉRASTE.

Ta pudeur a souffert d'une telle incartade.

CRISPIN.

L'ardeur de vous servir m'a donné cet habit;
Et, comme vous voyez, mon projet réussit.
Avec de certains mots j'ai conjuré l'orage :
Ici des deux parents j'ai fait le personnage;
Et j'ai dit, en leur nom, de telles duretés,
Qu'ils seront, par ma foi, tous deux déshérités.

ÉRASTE.

Quoi!

CRISPIN.

Si vous m'aviez vu tantôt faire merveille,
En noble campagnard, le plumet sur l'oreille,
Avec un feutre gris, longue brette au côté,
Mon air de Bas-Normand vous auroit enchanté.
Mais il faut dire vrai; cette coiffe m'inspire
Plus d'intrépidité que je ne puis vous dire :
Avec cet attirail j'ai vingt fois moins de peur;
L'adresse et l'artifice ont passé dans mon cœur.
Qu'on a sous cet habit et d'esprit et de ruse!

ÉRASTE.

Enfin, de ses neveux l'oncle se désabuse;
Il fait un testament qui doit combler mes vœux.
Est-il dans l'univers un mortel plus heureux?

SCÈNE X.

ÉRASTE, CRISPIN, LISETTE.

LISETTE.

Ah, monsieur! apprenez un accident terrible;
Monsieur Géronte est mort.

ÉRASTE.

Ah ciel! est-il possible

CRISPIN.

Quoi! l'oncle de monsieur seroit défunt?

ACTE III, SCÈNE X.

LISETTE.

Hélas !
Il ne vaut guère mieux, tant le pauvre homme est bas !
Arrivant dans sa chambre, et se traînant à peine,
Il s'est mis sur son lit, sans force et sans haleine ;
Et, roidissant les bras, la suffocation
A tout d'un coup coupé la respiration ;
Enfin il est tombé, malgré mon assistance,
Sans voix, sans sentiment, sans pouls, sans connoissance.

ÉRASTE.

Je suis au désespoir. C'est ce dernier transport
Où tu l'as mis, Crispin, qui causera sa mort.

CRISPIN.

Moi, monsieur ! de sa mort je ne suis point la cause ;
Et le défunt, tout franc, a fort mal pris la chose.
Pourquoi se saisit-il si fort pour des discours ?
J'en voulois à son bien, et non pas à ses jours.

ÉRASTE.

Ne désespérons point encore de sa vie ;
Il tombe assez souvent dans une léthargie
Qui ressemble au trépas, et nous alarme fort.

LISETTE.

Ah, monsieur ! pour le coup, il est à moitié mort ;
Et moi, qui m'y connois, je dis qu'il faut qu'il meure,
Et qu'il ne peut jamais aller encore une heure.

ÉRASTE.

Ah, juste ciel! Crispin, quel triste événement!
Mon oncle mourra donc sans faire un testament;
Et je serai frustré, par cette mort cruelle,
De l'espoir d'obtenir la charmante Isabelle!
Fortune, je sens bien l'effet de ton courroux!

LISETTE.

C'est à moi de pleurer, et je perds plus que vous.

CRISPIN.

Allons, mes chers enfants, il faut agir de tête,
Et présenter un front digne de la tempête :
Il n'est pas temps ici de répandre des pleurs;
Faisons voir un courage au-dessus des malheurs.

ÉRASTE.

Que nous sert le courage? et que pouvons-nous fair

CRISPIN.

Il faut premièrement, d'une ardeur salutaire,
Courir au coffre-fort, sonder les cabinets,
Démeubler la maison, s'emparer des effets.
Lisette, quelque temps tiens ta bouche cousue,
Si tu peux; va fermer la porte de la rue;
Empare-toi des clefs, de peur d'invasion.

LISETTE.

Personne n'entrera sans ma permission.

CRISPIN.

Que l'ardeur du butin et d'un riche pillage

N'emporte pas trop loin votre bouillant courage ;
Surtout dans l'action gardons le jugement.
Le sort conspire en vain contre le testament :
Plutôt que tant de bien passe en des mains profanes,
De Géronte défunt j'évoquerai les mânes ;
Et vous aurez pour vous, malgré les envieux,
Et Lisette, et Crispin, et l'enfer, et les dieux.

FIN DU TROISIÈME ACTE.

ACTE QUATRIÈME.

SCÈNE I.

ÉRASTE, CRISPIN.

ÉRASTE, *tenant le portefeuille de Géronte.*
Ah ! mon pauvre Crispin, je perds toute espérance
Mon oncle ne sauroit reprendre connoissance :
L'art et les médecins sont ici superflus ;
Le pauvre homme n'a pas à vivre une heure au plus
Le legs universel qu'il prétendoit me faire,
Comme tu vois, Crispin, ne m'enrichira guère.

CRISPIN.
Lisette et moi, monsieur, pour finir nos projets,
Nous comptions bien aussi sur quelque petit legs.

ÉRASTE.
Quoiqu'un cruel destin, à nos désirs contraire,
Épuise contre nous les traits de sa colère,
Nos soins ne seront pas infructueux et vains ;
Quarante mille écus, que je tiens dans mes mains
Triste et fatal débris d'un malheureux naufrage,

ACTE IV, SCÈNE I.

Seront mis, si je veux, à l'abri de l'orage.
Voilà tous bons billets que j'ai trouvés sur lui.

CRISPIN, *voulant prendre les billets.*

Souffrez que je partage avec vous votre ennui :
Ce petit lénitif, en attendant le reste,
Pourra nous consoler d'un coup aussi funeste.

ÉRASTE.

Il est vrai, cher Crispin; mais enfin tu sais bien
Que cela ne fait pas presque le quart du bien
Qu'en la succession mes soins pouvoient prétendre,
Et que le testament me donnoit lieu d'attendre;
Des maisons à Paris, des terres, des contrats,
Offroient bien à mon cœur de plus charmants appas :
Non que l'ardeur du gain et la soif des richesses
Me fissent ressentir leurs indignes foiblesses;
C'est d'un plus noble feu que mon cœur est épris.
Je devois épouser Isabelle à ce prix :
Ce n'est qu'avec ce bien, qu'avec ces avantages,
Que je puis de sa mère obtenir les suffrages :
Faute de testament, je perds, et pour toujours,
Un bien dont dépendoit le bonheur de mes jours.

CRISPIN.

J'entre dans vos raisons, elles sont très plausibles;
Mais ce sont de ces coups imprévus et terribles,
Dont tout l'esprit humain demeure confondu,
Et qui mettent à bout la plus mâle vertu.

Pour marquer au vieillard sa dernière demeure,
O mort ! tu devois bien attendre encore une heure ;
Tu nous aurois tous mis dans un parfait repos,
Et le tout se seroit passé bien à propos.

ÉRASTE.

Faudra-t-il qu'un espoir fondé sur la justice
En stériles regrets passe et s'évanouisse ?
Ne saurois-tu, Crispin, parer ce coup fatal,
Et trouver promptement un remède à mon mal ?
Tantôt tu méditois un héroïque ouvrage :
C'est dans les grands dangers qu'on voit un grand cœur

CRISPIN.

Oui, je croyois tantôt réparer cet échec ;
Mais à présent j'échoue, et je demeure à sec :
Un autre, en pareil cas, seroit aussi stérile.
S'il falloit, par hasard, d'un coup de main habile,
Soustraire, escamoter sans bruit un testament
Où vous seriez traité plus favorablement,
Peut-être je pourrois, par quelque coup d'adresse,
Exercer mon talent et montrer ma prouesse ;
Mais en faire trouver alors qu'il n'en est point,
Le diable avec sa clique, et réduit à ce point,
Fort inutilement se casseroit la tête ;
Et cependant, monsieur, le diable n'est pas bête.

ÉRASTE.

Tu veux donc me confondre et me désespérer ?

SCÈNE II.

LISETTE, ÉRASTE, CRISPIN.

LISETTE, *à Éraste.*

Les notaires, monsieur, viennent là-bas d'entrer;
Je les ai mis tous deux dans cette salle basse.
Voyez; que voulez-vous, s'il vous plaît, qu'on en fasse?

ÉRASTE.

Je vois à tous moments croître mon embarras.
Fais-en, ma pauvre enfant, tout ce que tu voudras.
Savent-ils que mon oncle a perdu connoissance,
Et qu'il ne peut parler?

LISETTE.

    Non, pas encor, je pense.

ÉRASTE.

Crispin....

CRISPIN.

  Monsieur!

ÉRASTE.

  Hélas!

CRISPIN.

    Hélas!

ÉRASTE.

    Juste ciel!

CRISPIN.

      Ha!

ÉRASTE.

Que ferons-nous, dis-moi?

CRISPIN.

Tout ce qu'il vous plaira.

ÉRASTE.

Quoi! les renverrons-nous?

CRISPIN.

Eh! qu'en voulez-vous faire?
Qu'en pouvons-nous tirer qui nous soit salutaire?

LISETTE.

Je vais donc leur marquer qu'ils n'ont qu'à s'en aller.

ÉRASTE, *arrêtant Lisette.*

Attends encore un peu. Je me sens accabler.
Crispin, tu vas me voir expirer à ta vue.

CRISPIN.

Je vous suivrai de près, et la douleur me tue.

LISETTE.

Moi, je n'irai pas loin. Faut-il nous voir tous trois,
Comme d'un coup de foudre, écraser à la fois?

CRISPIN.

Attendez.... Il me vient.... Le dessein est bizarre;
Il pourroit par hasard.... J'entrevois.... Je m'égare,
Et je ne vois plus rien que par confusion.

LISETTE.

Peste soit l'animal avec sa vision!

ÉRASTE.
Fais-nous part du dessein que ton cœur se propose.
LISETTE.
Allons, mon cher Crispin, tâche à voir quelque chose.
CRISPIN.
Laisse-moi donc rêver.... Oui-dà.... Non.... Si, pourtant...
Pourquoi non ?... On pourroit....
LISETTE.
     Ne rêve donc point tant;
Les notaires là-bas sont dans l'impatience :
Tout ici ne dépend que de la diligence.
CRISPIN.
Il est vrai; mais enfin j'accouche d'un dessein
Qui passera l'effort de tout esprit humain.
Toi, qui parois dans tout si légère et si vive,
Exerce à ce sujet ton imaginative ;
Voyons ton bel esprit.
LISETTE.
    Je t'en laisse l'emploi.
Qui peut en fourberie être si fort que toi?
L'amour doit ranimer ton adresse passée.
CRISPIN.
Paix.... Silence.... Il me vient un surcroît de pensée.
J'y suis, ventrebleu !
LISETTE.
Bon.

CRISPIN.

Dans un fauteuil assis....

LISETTE.

Fort bien....

CRISPIN.

Ne troublez pas l'enthousiasme où je suis.
Un grand bonnet fourré jusque sur les oreilles,
Les volets bien fermés....

LISETTE.

C'est penser à merveilles.

CRISPIN.

Oui, monsieur, dans ce jour, au gré de vos souhaits,
Vous serez légataire, et je vous le promets.
Allons, Lisette, allons, ranimons notre zèle;
L'amour à ce projet nous guide et nous appelle.
Va de l'oncle défunt nous chercher quelque habit,
Sa robe de malade et son bonnet de nuit :
Les dépouilles du mort feront notre victoire.

LISETTE.

Je veux en élever un trophée à ta gloire;
Et je cours te servir. Je reviens sur mes pas.

SCÈNE III.

ÉRASTE, CRISPIN.

ÉRASTE.

Tu m'arraches, Crispin, des portes du trépas.
Si ton dessein succède au gré de notre envie,
Je veux te rendre heureux le reste de ta vie.
Je serois légataire! et par même moyen
J'épouserois l'objet qui fait seul tout mon bien !
Ah, Crispin !

CRISPIN.

        Cependant une terreur secrète
S'empare de mes sens, m'alarme et m'inquiète :
Si la justice vient à connoître du fait,
Elle est un peu brutale, et saisit au collet.
Il faut faire un faux seing ; et ma main alarmée
Se refuse au projet dont mon âme est charmée.

ÉRASTE.

Ton trouble est mal fondé ; depuis deux ou trois mois
Géronte ne pouvoit se servir de ses doigts :
Ainsi sa signature, ailleurs si nécessaire,
N'est point, comme tu vois, requise en cette affaire ;
Et tu déclareras que tu ne peux signer.

CRISPIN.

A de bonnes raisons je me laisse gagner ;

Et je sens tout à coup renaître en mon courage
L'ardeur dont j'ai besoin pour un si grand ouvrage.

SCÈNE IV.

LISETTE, *apportant les hardes de Géronte;*
ÉRASTE, CRISPIN.

LISETTE, *jetant le paquet.*

Du bon homme Géronte, en gros comme en détail,
Comme tu l'as requis, voilà tout l'attirail.

CRISPIN, *se déshabillant.*

Ne perdons point de temps; que l'on m'habille en hâte.
Monsieur, mettez la main, s'il vous plaît, à la pâte:
La robe; dépêchons, passez-la dans mes bras.
Ah, le mauvais valet! Chaussez chacun un bas.
Çà, le mouchoir de cou. Mets-moi vite ce casque.
Les pantoufles. Fort bien. L'équipage est fantasque.

LISETTE.

Oui, voilà le défunt; dissipons notre ennui :
Géronte n'est point mort, puisqu'il revit en lui,
Voilà son air, ses traits; et l'on doit s'y méprendre.

CRISPIN.

Mais, avec son habit, si son mal m'alloit prendre?

ÉRASTE.

Ne crains rien, arme-toi de résolution.

ACTE IV, SCÈNE IV.

CRISPIN.
Ma foi, déjà je sens un peu d'émotion :
Je ne sais si la peur est un peu laxative,
Ou si cet habit est de vertu purgative.

LISETTE.
Je veux te mettre encor ce vieux manteau fourré
Dont au jour de remède il étoit entouré.

CRISPIN.
Tu peux quand tu voudras appeler les notaires;
Me voilà maintenant en habits mortuaires.

LISETTE.
Je vais dans un moment les amener ici.

CRISPIN.
Secondez-moi bien tous dans cette affaire-ci.

SCÈNE V.

ÉRASTE, CRISPIN.

CRISPIN.
Vous, monsieur, s'il vous plaît, fermez porte et fenêtr
Un éclat indiscret peut me faire connoître.
Avancez cette table. Approchez ce fauteuil.
Ce jour mal condamné me blesse encore l'œil.
Tirez bien les rideaux, que rien ne nous trahisse.

ÉRASTE.
Fasse un heureux destin réussir l'artifice!

Si j'ose me porter à cette extrémité,
Malgré moi j'obéis à la nécessité.
J'entends du bruit.

CRISPIN, *se jetant brusquement sur un fauteuil.*
Songeons à la cérémonie ;
Et ne me quittez pas, monsieur, à l'agonie.

ÉRASTE.
Un dieu, dont le pouvoir sert d'excuse aux amants,
Saura me disculper de ces emportements.

SCÈNE VI.

LISETTE, M. SCRUPULE, M. GASPARD, ÉRASTE, CRISPIN.

LISETTE, *aux Notaires.*
(*à Crispin.*)
Entrez, messieurs, entrez. Voilà les deux notaires
Avec qui vous pouvez mettre ordre à vos affaires.

CRISPIN, *aux Notaires.*
Messieurs, je suis ravi, quoiqu'à l'extrémité,
De vous voir tous les deux en parfaite santé.
Je voudrois bien encore être à l'âge où vous êtes ;
Et, si je me portois aussi bien que vous faites,
Je ne songerois guère à faire un testament.

M. SCRUPULE.
Cela ne vous doit point chagriner un moment :

ACTE IV, SCÈNE VI.

Rien n'est désespéré : cette cérémonie
Jamais d'un testateur n'a raccourci la vie ;
Au contraire, monsieur, la consolation
D'avoir fait de ses biens la distribution
Répand au fond du cœur un repos sympathique,
Certaine quiétude et douce et balsamique,
Qui, se communiquant après dans tous les sens,
Rétablit la santé dans quantité de gens.

CRISPIN.

Que le ciel veuille donc me traiter de la sorte !
(à Lisette.)
Messieurs, asseyez-vous. Toi, va fermer la porte.

M. GASPARD.

D'ordinaire, monsieur, nous apportons nos soins
Que ces actes secrets se passent sans témoins.
Il seroit à propos que monsieur prît la peine
D'aller avec madame en la chambre prochaine.

LISETTE.

Moi, je ne puis quitter monsieur un seul moment.

ÉRASTE.

Mon oncle sur ce point dira son sentiment.

CRISPIN.

Ces personnes, messieurs, sont sages et discrètes ;
Je puis leur confier mes volontés secrètes,
Et leur montrer l'excès de mon affection.

M. SCRUPULE.

Nous ferons tout au gré de votre intention.
L'intitulé sera tel que l'on doit le faire,
Et l'on le réduira dans le style ordinaire.
    (*Il dicte à M. Gaspard, qui écrit.*)
Pardevant.... fut présent.... Géronte.... *et cætera.*
    (*à Géronte.*)
Dites-nous maintenant tout ce qu'il vous plaira.

CRISPIN.

Je veux premièrement qu'on acquitte mes dettes.

ÉRASTE.

Nous n'en trouverons pas, je crois, beaucoup de faites.

CRISPIN.

Je dois quatre cents francs à mon marchand de vin,
Un fripon qui demeure au cabaret voisin.

M. SCRUPULE.

Fort bien. Où voulez-vous, monsieur, qu'on vous enterre

CRISPIN.

A dire vrai, messieurs, il ne m'importe guère.
Qu'on se garde surtout de me mettre trop près
De quelque procureur chicaneur et mauvais ;
Il ne manqueroit pas de me faire querelle ;
Ce seroit tous les jours procédure nouvelle,
Et je serois encor contraint de déguerpir.

ÉRASTE.

Tout se fera, monsieur, selon votre désir.

J'aurai soin du convoi, de la pompe funèbre,
Et n'épargnerai rien pour la rendre célèbre.
CRISPIN.
Non, mon neveu ; je veux que mon enterrement
Se fasse à peu de frais, et fort modestement.
Il fait trop cher mourir, ce seroit conscience :
Jamais de mon vivant je n'aimai la dépense ;
Je puis être enterré fort bien pour un écu.
LISETTE, *à part.*
Le pauvre malheureux meurt comme il a vécu !
M. GASPARD.
C'est à vous maintenant, s'il vous plaît, de nous dire
Les legs qu'au testament vous voulez faire écrire.
CRISPIN.
C'est à quoi nous allons nous employer dans peu.
Je nomme, j'institue Éraste, mon neveu,
Que j'aime tendrement, pour mon seul légataire,
Unique, universel.
ÉRASTE, *affectant de pleurer.*
O douleur trop amère !
CRISPIN.
Lui laissant tout mon bien, meubles, propres, acquêts,
Vaisselle, argent comptant, contrats, maisons, billets ;
Déshéritant, en tant que besoin pourroit être,
Parents, nièces, neveux, nés aussi-bien qu'à naître ;
Et même tous bâtards, à qui Dieu fasse paix,

S'il s'en trouvoit aucuns au jour de mon décès.

LISETTE, *affectant de la douleur.*

Ce discours me fend l'âme. Hélas! mon pauvre maître
Il faudra donc vous voir pour jamais disparoître!

ÉRASTE, *de même.*

Les biens que vous m'offrez n'ont pour moi nul appas
S'il faut les acheter avec votre trépas.

CRISPIN.

Item. Je donne et lègue à Lisette présente....

LISETTE, *de même.*

Ah!

CRISPIN.

Qui depuis cinq ans me tient lieu de servante,
Pour épouser Crispin en légitime nœud,
Non autrement....

LISETTE, *tombant comme évanouie.*

Ah! ah!

CRISPIN.

Soutiens-la, mon neveu.
Et, pour récompenser l'affection, le zèle
Que de tout temps pour moi je reconnus en elle....

LISETTE, *affectant de pleurer.*

Le bon maître, grands dieux, que je vais perdre là!

CRISPIN.

Deux mille écus comptant en espèce.

ACTE IV, SCÈNE VI.

LISETTE, *de même.*

Ah! ah! ah!

ÉRASTE, *à part.*

Deux mille écus! Je crois que le pendard se moque.

LISETTE, *de même.*

Je n'y puis résister, la douleur me suffoque.
Je crois que j'en mourrai.

CRISPIN.

Lesquels deux mille écus
Du plus clair de mon bien seront pris et perçus.

LISETTE, *à Crispin.*

Le ciel vous fasse paix d'avoir de moi mémoire,
Et vous paie au centuple une œuvre méritoire!
(*à part.*)
Il avoit bien promis de ne pas m'oublier.

ÉRASTE, *bas.*

Le fripon m'a joué d'un tour de son métier.
(*haut, à Crispin.*)
Je crois que voilà tout ce que vous voulez dire.

CRISPIN.

J'ai trois ou quatre mots encore à faire écrire.
Item. Je laisse et lègue à Crispin....

ÉRASTE, *bas.*

A Crispin!
Je crois qu'il perd l'esprit. Quel est donc son dessein?

CRISPIN.

Pour les bons et loyaux services....

ÉRASTE, *bas.*

Ah, le traître !

CRISPIN.

Qu'il a toujours rendus, et doit rendre à son maître...

ÉRASTE.

Vous ne connoissez pas, mon oncle, ce Crispin ;
C'est un mauvais valet, ivrogne, libertin,
Méritant peu le bien que vous voulez lui faire.

CRISPIN.

Je suis persuadé, mon neveu, du contraire ;
Je connois ce Crispin mille fois mieux que vous :
Je lui veux donc léguer, en dépit des jaloux....

ÉRASTE, *à part.*

Le chien !

CRISPIN.

Quinze cents francs de rentes viagères,
Pour avoir souvenir de moi dans ses prières.

ÉRASTE, *à part.*

Ah, quelle trahison !

CRISPIN.

Trouvez-vous, mon neveu,
Le présent malhonnête, et que ce soit trop peu ?

ÉRASTE.

Comment ! quinze cents francs !

ACTE IV, SCÈNE VI.

CRISPIN.

Oui ; sans laquelle clause
Le présent testament sera nul, et pour cause.

ÉRASTE.

Pour un valet, mon oncle, a-t-on fait un tel legs ?
Vous n'y pensez donc pas ?

CRISPIN.

Je sais ce que je fais ;
Et je n'ai point l'esprit si foible et si débile.

ÉRASTE.

Mais....

CRISPIN.

Si vous me fâchez, j'en laisserai deux mille.

ÉRASTE.

Si....

LISETTE, *bas, à Éraste.*

Ne l'obstinez point ; je connois son esprit ;
Il le feroit, monsieur, tout comme il vous le dit.

ÉRASTE, *bas, à Lisette.*

Soit, je ne dirai mot ; cependant de ma vie
Je n'aurai de parler une si juste envie.

CRISPIN.

N'aurois-je point encor quelqu'un de mes amis,
A qui je pourrois faire un fidéi-commis ?

ÉRASTE, *bas.*

Le scélérat encor rit de ma retenue ;

Il ne me laissera plus rien s'il continue.

M. SCRUPULE, *à Crispin.*

Est-ce fait?

CRISPIN.

Oui, monsieur.

ÉRASTE, *à part.*

Le ciel en soit béni!

M. GASPARD.

Voilà le testament heureusement fini :
(*à Crispin.*)
Vous plaît-il de signer ?

CRISPIN.

J'en aurois grande envie;
Mais j'en suis empêché par la paralysie
Qui, depuis quelques mois, me tient sur le bras droit.

M. GASPARD, *écrivant.*

Et ledit testateur déclare en cet endroit
Que de signer son nom il est dans l'impuissance,
De ce l'interpellant au gré de l'ordonnance.

CRISPIN.

Qu'un testament à faire est un pesant fardeau!
M'en voilà délivré; mais je suis tout en eau.

M. SCRUPULE, *à Crispin.*

Vous n'avez plus besoin de notre ministère?

CRISPIN, *à M. Scrupule.*

Laissez-moi, s'il vous plaît, l'acte qu'on vient de faire

ACTE IV, SCÈNE VI.

M. SCRUPULE.

Nous ne pouvons, monsieur; cet acte est un dépôt
Qui reste dans nos mains; je reviendrai tantôt,
Pour vous en apporter moi-même une copie.

ÉRASTE.

Vous nous ferez plaisir; mon oncle vous en prie,
Et veut récompenser votre peine et vos soins.

M. GASPARD.

C'est maintenant, monsieur, ce qui presse le moins.

CRISPIN.

Lisette, conduis-les.

SCÈNE VII.

ÉRASTE, CRISPIN.

CRISPIN, *remettant en place la table et les chaises.*
          Ai-je tenu parole ?
Et, dans l'occasion, sais-je jouer mon rôle,
Et faire un testament ?

ÉRASTE.

          Trop bien pour ton profit.
Dis-moi donc, malheureux, as-tu perdu l'esprit,
De faire un testament qui m'est si dommageable ;
De laisser à Lisette une somme semblable ?

CRISPIN.

Ma foi, ce n'est pas trop.

ÉRASTE.

                Deux mille écus comptant

CRISPIN.

Il faut, en pareil cas, que chacun soit content.
Pouvois-je moins laisser à cette pauvre fille?

ÉRASTE.

Comment donc, traître!

CRISPIN.

            Elle est un peu de la famille:
Votre oncle, si l'on croit le lardon scandaleux,
N'a pas été toujours impotent et goutteux;
Et j'ai dû lui laisser un peu de subsistance
Pour l'acquit de son âme et de ma conscience.

ÉRASTE.

Et de ta conscience! Et ces quinze cents francs
De pension à toi payables tous les ans,
Que tu t'es fait léguer avec tant de prudence,
Est-ce encor pour l'acquit de cette conscience?

CRISPIN.

Il ne faut point, monsieur, s'estomaquer si fort;
On peut en un moment nous mettre tous d'accord.
Puisque le testament que nous venons de faire,
Où je vous institue unique légataire,
Ne peut avoir l'honneur d'obtenir votre aveu,
Il faut le déchirer et le jeter au feu.

ACTE IV, SCÈNE VII.

ÉRASTE.

M'en préserve le ciel !

CRISPIN.

Sans former d'entreprise,
Laissons la chose au point où votre oncle l'a mise.

ÉRASTE.

Ce seroit cent fois pis ; j'en mourrois de douleur.

CRISPIN.

Il s'élève aussi-bien dans le fond de mon cœur
Certain remords cuisant, certaine syndérèse,
Qui furieusement sur l'estomac me pèse.

ÉRASTE.

Rentrons, Crispin ; je tremble, et suis persuadé
Que nous allons trouver mon oncle décédé,
Ou que, dans ce moment, pour le moins il expire.

CRISPIN.

Hélas ! il étoit temps, ma foi, de faire écrire.

ÉRASTE.

Le laurier dont tu viens de couronner ton front
Ne peut avoir un prix ni trop grand, ni trop prompt.

CRISPIN.

Il faut donc, s'il vous plaît, m'avancer une année
De cette pension que je me suis donnée :
Vous ne sauriez me faire un plus charmant plaisir.

ÉRASTE.

C'est ce que nous verrons avec plus de loisir.

SCÈNE VIII.

LISETTE, ÉRASTE, CRISPIN.

LISETTE, *se jetant dans le fauteuil.*

Miséricorde ! ah ciel ! je me meurs ; je suis morte.

ÉRASTE, *à Lisette.*

Qu'as-tu donc, mon enfant, à crier de la sorte ?

LISETTE.

J'étouffe. Ouf ! ouf ! la peur m'empêche de parler.

CRISPIN, *à Lisette.*

Quel vertigo soudain a donc pu te troubler ?
Parle donc, si tu veux.

LISETTE.

Géronte....

CRISPIN.

Eh bien ! Géronte....

LISETTE, *se levant brusquement.*

Ah ! prenez garde à moi.

CRISPIN.

Veux-tu finir ton conte ?

LISETTE.

Un grand fantôme noir....

ÉRASTE.

Comment donc ! que dis-tu ?

ACTE IV, SCÈNE VIII.

LISETTE.

Hélas ! mon cher monsieur, je dis ce que j'ai vu.
Après avoir conduit ces messieurs dans la rue,
Où la mort du bon homme est déjà répandue,
Où même le crieur a voulu, malgré moi,
Faire entrer avec lui l'attirail d'un convoi ;
De la chambre où gisoit votre oncle sans escorte,
Il m'a semblé d'abord entendre ouvrir la porte :
Et, montant l'escalier, j'ai trouvé nez pour nez,
Comme un grand revenant, Géronte sur ses pieds.

CRISPIN.

De la crainte d'un mort ton âme possédée
T'abuse et te fait voir un fantôme en idée.

LISETTE.

C'est lui, vous dis-je ; il parle....
(*Elle se retourne, voit Crispin, qu'elle prend pour Géronte, se lève, et se sauve dans un coin, en poussant un cri d'effroi.*)

CRISPIN.

              Et pourquoi ce grand cri ?

LISETTE.

Excuse, mon enfant ; je te prenois pour lui.
Enfin, criant, courant, sans détourner la vue,
Essouflée et tremblante, ici je suis venue
Vous dire que le mal de votre oncle, en ces lieux,
N'est qu'une léthargie, et qu'il n'en est que mieux.

ÉRASTE.

Avec quelle constance, au branle de sa roue,
La fortune ennemie et me berce et me joue!

LISETTE.

O trop flatteur espoir! projets si bien conçus,
Et mieux exécutés, qu'êtes-vous devenus?

CRISPIN.

Voilà donc le défunt que le sort nous renvoie !
Et l'avare Achéron lâche encore sa proie !
Vous le voulez, grands dieux! ma constance est à bou
Je ne sais où j'en suis, et j'abandonne tout.

ÉRASTE.

Toi, que j'ai vu tantôt si grand, si magnanime,
Un seul revers te rend foible et pusillanime !
Reprends des sentiments qui soient dignes de toi :
Offrons-nous aux dangers ; viens signaler ta foi;
Quelque coup de hasard nous tirera d'affaire.

CRISPIN.

Allons-nous abuser encor quelque notaire ?

ÉRASTE.

Je vais, sans perdre temps, remettre ces billets
Dans les mains d'Isabelle ; ils feront leurs effets,
Et nous en tirerons peut-être un avantage
Qui pourroit bien servir à notre mariage.
Vous, rentrez chez mon oncle, et prenez bien le soir
D'appeler le secours dont il aura besoin.

Pour retourner plus tôt, je pars en diligence,
Et viens vous rassurer ici par ma présence.

SCÈNE IX.

LISETTE, CRISPIN.

CRISPIN.

Ne me voilà pas mal avec mon testament !
Je vois ma pension payée en un moment.

LISETTE.

Et mes deux mille écus pour prix de mon service ?

CRISPIN.

Juste ciel ! sauve-moi des mains de la justice.
Tout ceci ne vaut rien et m'inquiète fort :
Je crains bien d'avoir fait mon testament de mort.

FIN DU QUATRIÈME ACTE.

ACTE CINQUIÈME.

SCÈNE I.

Mme ARGANTE, ISABELLE, ÉRASTE.

Mme ARGANTE, *à Éraste.*

Quel est votre dessein ? et que voulez-vous faire ?
Puis-je de ces billets être dépositaire ?
On me soupçonneroit d'avoir prêté les mains
A faire réussir en secret vos desseins.
Maintenant que votre oncle a pu, malgré son âge,
Reprendre de ses sens heureusement l'usage,
Le parti le meilleur, sans user de délais,
Est de lui reporter vous-même ses billets.

ÉRASTE.

Ce n'est pas d'aujourd'hui que je connois, madame,
Les nobles sentiments qui règnent dans votre âme :
Nous ne prétendons point, vous ni moi, retenir
Un bien qui ne nous peut encore appartenir.
Mais gardez ces billets quelques moments, de grâce ;
Le ciel m'inspirera ce qu'il faut que je fasse.

Je le prends à témoin, si, dans ce que j'ai fait,
L'amour n'a pas été mon principal objet.
Hélas ! pour mériter la charmante Isabelle,
J'ai peut-être un peu trop fait éclater mon zèle :
Mais on pardonnera ces transports amoureux ;
    (à Isabelle.)
Mon excuse, madame, est écrite en vos yeux.
ISABELLE, à Éraste.
Puisque pour notre hymen j'ai l'aveu de ma mère,
Je puis faire paroître un sentiment sincère.
Les biens dont vous pouvez hériter chaque jour
N'ont point du tout pour vous déterminé l'amour :
Votre personne seule est le bien qui me flatte ;
Et tous les vains brillants dont la fortune éclate
Ne sauroient éblouir un cœur comme le mien.
ÉRASTE.
Si je l'obtiens, ce cœur, non, je ne veux plus rien.
Mme ARGANTE.
Tous ces beaux sentiments sont fort bons dans un livre :
L'amour seul, quel qu'il soit, ne donne point à vivre :
Et je vous apprends, moi, que l'on ne s'aime bien,
Quand on est marié, qu'autant qu'on a du bien.
ÉRASTE.
Mon oncle maintenant, par sa convalescence,
Fait revivre en mon cœur la joie et l'espérance,
Et je vais l'exciter à faire un testament.

Mme ARGANTE.

Mais ne craignez-vous rien de son ressentiment ?
Ces billets détournés ne peuvent-ils point faire
Qu'il prenne à vos dé○○○ u○ sentiment contraire ?

ÉRASTE.

Et voilà la raison qui me fait hasarder
A vouloir quelque temps encore les garder.
Pour revoir ce dépôt rentrer en sa puissance,
Il accordera tout, sans trop de résistance.
Il faut, mademoiselle, en ce péril offert,
Être un peu, dans ce jour, avec nous de concert.
Voilà tous bons billets qu'il faut, s'il vous plaît, prendre.

ISABELLE.

Moi !

ÉRASTE.

N'en rougissez point ; ce n'est que pour les rendre.

ISABELLE.

Mais je ne sais, monsieur, en cette occasion,
Si je dois accepter cette commission.
De ces billets surpris on me croira complice :
En restitutions je suis encor novice.

ÉRASTE.

Mais j'entends quelque bruit.

SCÈNE II.

CRISPIN, Mme ARGANTE, ISABELLE, ÉRASTE.

ÉRASTE.

C'est Crispin que je voi.
(à Crispin.)
A qui donc en as-tu? te voilà hors de toi.

CRISPIN.

Allons, monsieur, allons; en homme de courage,
Il faut ici, ma foi, soutenir l'abordage :
Monsieur Géronte approche.

ÉRASTE.

Oh ciel !
(à madame Argante et à Isabelle.)
En ce moment,
Souffrez que je vous mène à mon appartement.
J'ai de la peine encore à m'offrir à sa vue :
Laissons évaporer un peu sa bile émue;
Et, quand il sera temps, tous unanimement,
Nous viendrons travailler ensemble au dénoûment.
(à Crispin.)
Pour toi, reste ici; vois l'humeur dont il peut être;
Et tu m'informeras s'il est temps de paroître.

SCÈNE III.

CRISPIN, *seul*.

Nous voilà, grâce au ciel, dans un grand embarras.
Dieu veuille nous tirer d'un aussi mauvais pas !

SCÈNE IV.

GÉRONTE, CRISPIN, LISETTE.

GÉRONTE, *appuyé sur Lisette*.
Je ne puis revenir encor de ma foiblesse :
Je ne sais où je suis ; l'éclat du jour me blesse ;
Et mon foible cerveau, de ce choc ébranlé,
Par de sombres vapeurs est encor tout troublé.
Ai-je été bien long-temps dans cette léthargie ?

LISETTE.
Pas tant que nous croyions ; mais votre maladie
Nous a tous mis ici dans un dérangement,
Une agitation, un soin, un mouvement,
Qu'il n'est pas bien aisé, dans le fond, de décrire :
Demandez à Crispin ; il pourra vous le dire.

CRISPIN.
Si vous saviez, monsieur, ce que nous avons fait,
Lorsque de votre mal vous ressentiez l'effet,
La peine que j'ai prise, et les soins nécessaires
Pour pouvoir, comme vous, mettre ordre à vos affaires

ACTE V, SCÈNE IV.

Vous seriez étonné, mais d'un étonnement
A n'en pas revenir si tôt assurément.

GÉRONTE.

Où donc est mon neveu ? son absence m'ennuie.

CRISPIN.

Ah ! le pauvre garçon, je crois, n'est plus en vie.

GÉRONTE.

Que dis-tu là ? Comment !

CRISPIN.

Il s'est saisi si fort,
Quand il a vu vos yeux tourner droit à la mort,
Que, n'écoutant plus rien que sa douleur amère,
Il s'est allé jeter....

GÉRONTE.

Où donc ? dans la rivière ?

CRISPIN.

Non, monsieur, sur son lit, où, baigné de ses pleurs,
L'infortuné garçon gémit de ses malheurs.

GÉRONTE.

Va donc lui redonner et le calme et la joie,
Et dis-lui, de ma part, que le ciel lui renvoie
Un oncle toujours plein de tendresse pour lui,
Qui connoît son bon cœur, et qui veut aujourd'hui
Lui montrer des effets de sa reconnoissance.

CRISPIN.

S'il n'est pas encor mort, en toute diligence
Je vous l'amène ici.

SCÈNE V,

GÉRONTE, LISETTE.

GÉRONTE.

Mais, à ce que je vois,
J'ai donc, Lisette, été plus mal que je ne crois?

LISETTE.

Nous vous avons cru mort pendant une heure entière.

GÉRONTE.

Il faut donc expliquer ma volonté dernière,
Et, sans perdre de temps, faire mon testament.
Les notaires sont-ils venus?

LISETTE.

Assurément.

GÉRONTE.

Qu'on aille de nouveau les chercher, et leur dire
Que, dans le même instant, je veux les faire écrire.

LISETTE.

Ils reviendront dans peu.

SCÈNE VI.

ÉRASTE, GÉRONTE, CRISPIN, LISETTE.

CRISPIN, *à Éraste.*

Le ciel vous l'a rendu.

ÉRASTE.

Hélas! à ce bonheur me serois-je attendu?

Je revois mon cher oncle ; et le ciel, par sa grâce,
Sensible à mes douleurs, permet que je l'embrasse !
Après l'avoir cru mort, il paroît à mes yeux !

GÉRONTE.

Hélas ! mon cher neveu, je n'en suis guère mieux :
Mais je rends grâce au ciel de prolonger ma vie,
Pour pouvoir maintenant exécuter l'envie
De te donner mon bien par un bon testament.

LISETTE.

Ce garçon-là, monsieur, vous aime tendrement.
Si vous aviez pu voir les syncopes, les crises,
Dont, par la sympathie, il sentoit les reprises,
Il vous auroit percé le cœur de part en part.

CRISPIN.

Nous en avons tous trois eu notre bonne part.

LISETTE.

Enfin le ciel a pris pitié de nos misères.

SCÈNE VII.

M. SCRUPULE, GÉRONTE, ÉRASTE,
LISETTE, CRISPIN.

LISETTE.

(bas, à Crispin.)

Mais j'aperçois quelqu'un. C'est un des deux notaires.

GÉRONTE.

Bonjour, monsieur Scrupule.

CRISPIN, *à part.*

Ah! me voilà perdu.

GÉRONTE.

Ici depuis long-temps vous êtes attendu.

M. SCRUPULE.

Certes, je suis ravi, monsieur, qu'en moins d'une heur[e]
Vous jouissiez déjà d'une santé meilleure.
Je savois bien qu'ayant fait votre testament
Vous sentiriez bientôt quelque soulagement.
Le corps se porte mieux lorsque l'esprit se trouve
Dans un parfait repos.

GÉRONTE.

Tous les jours je l'éprouve.

M. SCRUPULE.

Voici donc le papier que, selon vos desseins,
Je vous avois promis de remettre en vos mains.

GÉRONTE.

Quel papier, s'il vous plaît? Pour quoi? pour quelle affa[ire]

M. SCRUPULE.

C'est votre testament que vous venez de faire.

GÉRONTE.

J'ai fait mon testament!

M. SCRUPULE.

Oui, sans doute, monsieur.

LISETTE, *bas.*

Crispin, le cœur me bat.

ACTE V, SCÈNE VII.

CRISPIN, *bas.*
>Je frissonne de peur.

GÉRONTE.
Eh! parbleu, vous rêvez, monsieur; c'est pour le faire
Que j'ai besoin ici de votre ministère.

M. SCRUPULE.
Je ne rêve, monsieur, en aucune façon;
Vous nous l'avez dicté, plein de sens et raison.
Le repentir si tôt saisiroit-il votre âme?
Monsieur étoit présent aussi-bien que madame:
Ils peuvent là-dessus dire ce qu'ils ont vu.

ÉRASTE, *bas.*
Que dire?

LISETTE, *bas.*
>Juste ciel!

CRISPIN, *bas.*
>Me voilà confondu.

GÉRONTE.
Éraste étoit présent?

M. SCRUPULE.
>Oui, monsieur, je vous jure.

GÉRONTE.
Est-il vrai, mon neveu? parle, je t'en conjure.

ÉRASTE.
Ah! ne me parlez pas, monsieur, de testament;
C'est m'arracher le cœur trop tyranniquement.

LE LÉGATAIRE.

GÉRONTE.

Lisette, parle donc.

LISETTE.

Crispin, parle en ma place;
Je sens dans mon gosier que ma voix s'embarrasse.

CRISPIN, *à Géronte.*

Je pourrois là-dessus vous rendre satisfait;
Nul ne sait mieux que moi la vérité du fait.

GÉRONTE.

J'ai fait mon testament?

CRISPIN.

On ne peut pas vous dire
Qu'on vous l'ait vu tantôt absolument écrire;
Mais je suis très certain qu'aux lieux où vous voilà,
Un homme, à peu près mis comme vous êtes là,
Assis dans un fauteuil, auprès de deux notaires,
A dicté mot à mot ses volontés dernières.
Je n'assurerai pas que ce fût vous : pourquoi?
C'est qu'on peut se tromper; mais c'étoit vous, ou m

M. SCRUPULE, *à Géronte.*

Rien n'est plus véritable; et vous pouvez m'en croir

GÉRONTE.

Il faut donc que mon mal m'ait ôté la mémoire,
Et c'est ma léthargie.

CRISPIN.

Oui, c'est elle, en effet.

LISETTE.
N'en doutez nullement; et, pour prouver le fait,
Ne vous souvient-il pas que, pour certaine affaire,
Vous m'avez dit tantôt d'aller chez le notaire?
GÉRONTE.
Oui.
LISETTE.
Qu'il est arrivé dans votre cabinet;
Qu'il a pris aussitôt sa plume et son cornet,
Et que vous lui dictiez à votre fantaisie...
GÉRONTE.
Je ne m'en souviens point.
LISETTE.
C'est votre léthargie.
CRISPIN.
Ne vous souvient-il pas, monsieur, bien nettement,
Qu'il est venu tantôt certain neveu Normand,
Et certaine baronne, avec un grand tumulte
Et des airs insolents, chez vous vous faire insulte?
GÉRONTE.
Oui.
CRISPIN.
Que, pour vous venger de leur emportement,
Vous m'avez promis place en votre testament,
Ou quelque bonne rente au moins pendant ma vie?
GÉRONTE.
Je ne m'en souviens point.

CRISPIN.
C'est votre léthargie.
GÉRONTE.
Je crois qu'ils ont raison, et mon mal est réel.
LISETTE.
Ne vous souvient-il pas que monsieur Clistorel....
ÉRASTE.
Pourquoi tant répéter cet interrogatoire?
Monsieur convient de tout, du tort de sa mémoire,
Du notaire mandé, du testament écrit.
GÉRONTE.
Il faut bien qu'il soit vrai, puisque chacun le dit.
Mais voyons donc enfin ce que j'ai fait écrire.
CRISPIN, *à part.*
Ah! voilà bien le diable.
M. SCRUPULE.
Il faut donc vous le lire.
« Fut présent devant nous, dont les noms sont au bas
« Maître Mathieu Géronte, en son fauteuil à bras,
« Étant en son bon sens, comme on a pu connoître
« Par le geste et maintien qu'il nous a fait paroître;
« Quoique de corps malade, ayant sain jugement;
« Lequel, après avoir réfléchi mûrement
« Que tout est ici-bas fragile et transitoire...
CRISPIN.
Ah! quel cœur de rocher et quelle âme assez noire
Ne se fendroit en quatre, en entendant ces mots?

ACTE V, SCÈNE VII.

LISETTE.

Hélas! je ne saurois arrêter mes sanglots.

GÉRONTE.

En les voyant pleurer, mon âme est attendrie.
Là, là, consolez-vous; je suis encore en vie.

M. SCRUPULE, *continuant de lire.*

« Considérant que rien ne reste en même état,
« Ne voulant pas aussi décéder intestat...

CRISPIN.

Intestat!

LISETTE.

Intestat!... ce mot me perce l'âme.

M. SCRUPULE.

Faites trêve un moment à vos soupirs, madame.
« Considérant que rien ne reste en même état,
« Ne voulant pas aussi décéder intestat...

CRISPIN.

Intestat!...

LISETTE.

Intestat!...

M. SCRUPULE.

Mais laissez-moi donc lire :
Si vous pleurez toujours, je ne pourrai rien dire.
« A fait, dicté, nommé, rédigé par écrit,
« Son susdit testament en la forme qui suit.

GÉRONTE.

De tout ce préambule, et de cette légende,
S'il m'en souvient d'un mot, je veux bien qu'on me pend

LISETTE.

C'est votre léthargie.

CRISPIN.

Ah! je vous en répond.
Ce que c'est que de nous! Moi, cela me confond.

M. SCRUPULE, *lisant*.

« Je veux, premièrement, qu'on acquitte mes dettes.

GÉRONTE.

Je ne dois rien.

M. SCRUPULE.

Voici l'aveu que vous en faites.
« Je dois quatre cents francs à mon marchand de vin,
« Un fripon qui demeure au cabaret voisin.

GÉRONTE.

Je dois quatre cents francs! c'est une fourberie.

CRISPIN, *à Géronte*.

Excusez-moi, monsieur, c'est votre léthargie.
Je ne sais pas au vrai si vous les lui devez,
Mais il me les a, lui, mille fois demandés.

GÉRONTE.

C'est un maraud qu'il faut envoyer en galère.

CRISPIN.

Quand ils y seroient tous, on ne les plaindroit guère.

ACTE V, SCÈNE VII.

M. SCRUPULE, *lisant.*

« Je fais mon légataire unique, universel,
« Éraste, mon neveu.

ÉRASTE.

Se peut-il?... Juste ciel!

M. SCRUPULE, *lisant.*

« Déshéritant, en tant que besoin pourroit être,
« Parents, nièces, neveux, nés aussi-bien qu'à naître,
« Et même tous bâtards, à qui Dieu fasse paix,
« S'il s'en trouvoit aucuns au jour de mon décès.

GÉRONTE.

Comment! moi, des bâtards?

CRISPIN, *à Géronte.*

C'est style de notaire.

GÉRONTE.

Oui, je voulois nommer Éraste légataire.
A cet article-là, je vois présentement
Que j'ai bien pu dicter le présent testament.

M. SCRUPULE, *lisant.*

« *Item.* Je donne et lègue, en espèce sonnante,
« A Lisette....

LISETTE.

Ah! grands dieux!

M. SCRUPULE, *lisant.*

« Qui me sert de servante,
« Pour épouser Crispin en légitime nœud,

« Deux mille écus.

CRISPIN, *à Géronte.*

Monsieur.... en vérité.... pour peu....
Non.... jamais.... car enfin.... ma bouche.... quand j'y
Je me sens suffoquer par la reconnoissance. [pense...
 (*à Lisette.*)
Parle donc.

LISETTE, *embrassant Géronte.*

Ah ! monsieur....

GÉRONTE.

Qu'est-ce à dire cela ?
Je ne suis point l'auteur de ces sottises-là.
Deux mille écus comptant !

LISETTE.

Quoi ! déjà, je vous prie,
Vous repentiriez-vous d'avoir fait œuvre pie ?
Une fille nubile, exposée au malheur,
Qui veut faire une fin en tout bien, tout honneur,
Lui refuseriez-vous cette petite grâce ?

GÉRONTE.

Comment ! six mille francs ! quinze ou vingt écus, pas

LISETTE.

Les maris aujourd'hui, monsieur, sont si courus !
Et que peut-on, hélas ! avoir pour vingt écus ?

GÉRONTE.

On a ce que l'on peut ; entendez-vous ma mie ?

ACTE V, SCÈNE VII.

(*au Notaire.*)

Il en est à tout prix. Achevez, je vous prie.

M. SCRUPULE.

« *Item.* Je donne et lègue....

CRISPIN, *à part.*

Ah ! c'est mon tour enfin,
Et l'on va me jeter....

M. SCRUPULE.

« A Crispin....

(*Crispin se fait petit.*)

GÉRONTE, *regardant Crispin.*

A Crispin !

M. SCRUPULE, *lisant.*

« Pour tous les obligeants, bons et loyaux services,
« Qu'il rend à mon neveu dans divers exercices,
« Et qu'il peut bien encor lui rendre à l'avenir....

GÉRONTE.

Où donc ce beau discours doit-il enfin venir ?
Voyons.

M. SCRUPULE, *lisant.*

« Quinze cents francs de rentes viagères,
« Pour avoir souvenir de moi dans ses prières.

CRISPIN, *se prosternant aux pieds de Géronte.*

Oui, je vous le promets, monsieur, à deux genoux ;
Jusqu'au dernier soupir je prierai Dieu pour vous.
Voilà ce qui s'appelle un vraiment honnête homme !

Si généreusement me laisser cette somme !
GÉRONTE.
Non ferai-je, parbleu. Que veut dire ceci ?
(*au Notaire.*)
Monsieur, de tous ces legs je veux être éclairci.
M. SCRUPULE.
Quel éclaircissement voulez-vous qu'on vous donne ?
Et je n'écris jamais que ce que l'on m'ordonne.
GÉRONTE.
Quoi ! moi, j'aurois légué, sans aucune raison,
Quinze cents francs de rente à ce maître fripon,
Qu'Éraste auroit chassé, s'il m'avoit voulu croire !
CRISPIN, *toujours à genoux.*
Ne vous repentez pas d'une œuvre méritoire.
Voulez-vous, démentant un généreux effort,
Être avaricieux, même après votre mort ?
GÉRONTE.
Ne m'a-t-on point volé mes billets dans mes poches ?
Je tremble du malheur dont je sens les approches :
Je n'ose me fouiller.
ÉRASTE, *à part.*
Quel funeste embarras !
(*haut, à Géronte.*)
Vous les cherchez en vain ; vous ne les avez pas.
GÉRONTE, *à Éraste.*
Où sont-ils donc ? réponds.

ÉRASTE.

       Tantôt, pour Isabelle,
Je les ai, par votre ordre exprès, portés chez elle.

GÉRONTE.

Par mon ordre !

ÉRASTE.

Oui, monsieur.

GÉRONTE.

       Je ne m'en souviens point.

CRISPIN.

C'est votre léthargie.

GÉRONTE.

      Oh ! je veux, sur ce point,
Qu'on me fasse raison. Quelles friponneries !
Je suis las, à la fin, de tant de léthargies.
 (*à Eraste.*)
Cours chez elle ; dis-lui que, quand j'ai fait ce don,
J'avois perdu l'esprit, le sens, et la raison.

SCÈNE VIII.

Mme ARGANTE, ISABELLE, GÉRONTE, ÉRASTE, LISETTE, CRISPIN, M. SCRUPULE.

ISABELLE, *à Géronte.*

Ne vous alarmez point, je viens pour vous les rendre.

GÉRONTE.

Oh ciel!

ÉRASTE.

Mais sous des lois que nous osons prétendre.

GÉRONTE.

Et quelles sont ces lois ?

ÉRASTE.

Je vous prie humblement
De vouloir approuver le présent testament.

GÉRONTE.

Mais tu n'y penses pas : veux-tu donc que je laisse
A cette chambrière un legs de cette espèce ?

LISETTE.

Songez à l'intérêt que le ciel vous en rend :
Et plus le legs est gros, plus le mérite est grand.

GÉRONTE, *à Crispin.*

Et ce maraud auroit cette somme en partage !

CRISPIN.

Je vous promets, monsieur, d'en faire un bon usage:
De plus, ce legs ne peut en rien vous faire tort.

GÉRONTE.

Il est vrai qu'il n'en doit jouir qu'après ma mort.

ÉRASTE.

Ce n'est pas encor tout : regardez cette belle ;
Vous savez ce qu'un cœur peut ressentir pour elle,
Vous avez éprouvé le pouvoir de ses coups :

ACTE V, SCÈNE VIII.

Charmé de ses attraits, j'embrasse vos genoux,
Et je vous la demande en qualité de femme.

GÉRONTE.

Ah ! monsieur mon neveu....

ÉRASTE.

Je n'ai fait voir ma flamme
Que lorsqu'en écoutant un sentiment plus sain
Votre cœur moins épris a changé de dessein.

Mme ARGANTE.

Je crois que vous et moi nous ne saurions mieux faire.

GÉRONTE.

Nous verrons : mais, avant de conclure l'affaire,
Je veux voir mes billets en entier.

ISABELLE.

Les voilà :
Tels que je les reçus, je les rends.
(*Elle présente le portefeuille à Géronte.*)

LISETTE, *prenant le portefeuille plus tôt que Géronte.*

Alte là.
Convenons de nos faits avant que de rien rendre.

GÉRONTE.

Si tu ne me les rends, je vous ferai tous pendre.

ÉRASTE, *se jetant à genoux.*

Monsieur, vous me voyez embrasser vos genoux ;
Voulez-vous aujourd'hui nous désespérer tous ?

LISETTE, *à genoux.*

Eh ! monsieur.

CRISPIN, *à genoux.*

Eh ! monsieur.

GÉRONTE.

      La tendresse m'accueill
Dites-moi, n'a-t-on rien distrait du portefeuille ?

ISABELLE.

Non, monsieur, je vous jure : il est en son entier ;
Et vous retrouverez jusqu'au moindre papier.

GÉRONTE.

Eh bien ! s'il est ainsi, par-devant le notaire,
Pour avoir mes billets, je consens à tout faire :
Je ratifie en tout le présent testament,
Et donne à votre hymen un plein consentement.
Mes billets ?

LISETTE.

Les voilà.

ÉRASTE, *à Géronte.*

      Quelle action de grâce !...

GÉRONTE.

De vos remercîments volontiers je me passe.
Mariez-vous tous deux, c'est bien fait ; j'y consens
Mais surtout au plus tôt procréez des enfants
Qui puissent hériter de vous en droite ligne ;
De tous collatéraux l'engeance est trop maligne.

Détestez à jamais tous neveux Bas-Normands,
Et nièces que le diable amène ici du Mans ;
Fléaux plus dangereux, animaux plus funestes,
Que ne furent jamais les guerres ni les pestes.

SCÈNE IX.

CRISPIN, LISETTE.

CRISPIN.

Laissons-le dans l'erreur ; nous sommes héritiers.
Lisette, sur mon front viens ceindre des lauriers ;
Mais n'y mets rien de plus pendant le mariage.

LISETTE.

J'ai du bien maintenant assez pour être sage.

CRISPIN, *au parterre*.

Messieurs, j'ai, grâce au ciel, mis la barque à bon por
En faveur des vivants je fais revivre un mort ;
Je nomme, à mes désirs, un ample légataire ;
J'acquiers quinze cents francs de rente viagère,
Et femme au par-dessus : mais ce n'est pas assez ;
Je renonce à mon legs si vous n'applaudissez.

FIN DU LÉGATAIRE.

TABLE DES PIÈCES

CONTENUES DANS LE TOME SECOND.

LE DISTRAIT, comédie............*Page* 1
LES MENECHMES, comédie............ 147
LE LÉGATAIRE UNIVERSEL, comédie.. 243

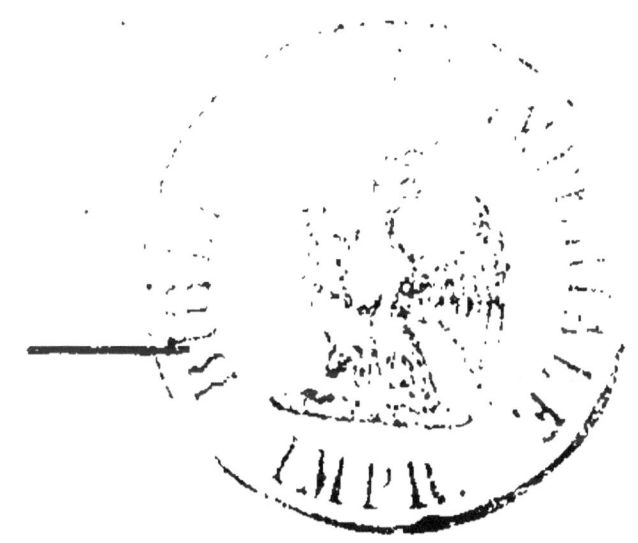

www.ingramcontent.com/pod-product-compliance
Lightning Source LLC
Chambersburg PA
CBHW070434170426
43201CB00010B/1088